JN094718

なるにはBOOKS

高校調べ

# 国際学科高校

中学生のキミと学校調べ

**木村由香里** 著

全国中学校進路指導・キャリア教育連絡協議会推薦

ぺりかん社

# はじめに

「高校調べ」シリーズは、総合学科、商業科、農業科といった普通科以外の専門学科高校を紹介する本です。

この本でこれから紹介する「国際学科高校」は、外国語・国際関係といった専門的な学問を、より高度なレベルで学ぶことができる高校です。生徒たちも、特定の学問分野に興味がある、英語の力をつけたい、将来国際的な分野で活躍したい、といった目的意識をもって志望してくる人がほとんどのようです。

今この本を手にしてくれた人は、「国際」という言葉に興味をもってくれたのでしょうか。

国際学科高校は、世界に通用する国際人となるための基本が学べる学校です。国際学科では外国語（英語など）教育に力を入れていますが、外国語はあくまでひとつの「ツール（目的を実践するための手段）」と考えます。外国の人と円滑なコミュニケーションがとれて、自分の意見を主張し交渉できることや、ツール（外国語）を使いこなして、プラスαのことができるようになる高い外国語の習得をめざします。外国語は少人数で学び、その言葉を母語とする、外国人の先生に直接教えてもらえます。

また、国際機関やJICA（独立行政法人国際協力機構）、海外で支援活動するNGO（Non-Governmental Organization 非政府組織）、JICA海外協力隊の人たち、海外から日本に来ている外国の人まで、さまざまな活動を世界の最前線で行っている人たちから、直接現地のリアルな姿を教えてもらえる授業もあります。聞いただけでもわくわくしてきませんか？

　「国際学科高校」は少しでも海外に関心がある人には、きっと「なんか楽しそうだな」と感じる高校だと思います。そして「どんな高校だろう」と興味をもったら、この本を読んでみてください。読み終わったときには「国際学科高校」に行きたくなる？　かもしれませんよ。

　また、国際学科は国際科、国際文化科、国際教養科、グローバル科、国際コミュニケーション科など学科の名称も多彩です。外国語科も総合英語科、英語科、英語コースなどさまざま。「各学科とも特徴がある」とお叱りを受けそうですが、この本では外国語科も含めてすべて、学科名は国際学科としました。

# 高校調べ

# 国際学科高校 ——中学生のキミと学校調べ

● 本書に登場する方々の所属などは取材時のものです。

[装幀・本文デザイン・イラスト] 熊アート　　[本文写真] 取材先提供

# 1章

## 国際学科って
## なんだろう？

# 国際学科って
## どんなところ？

### 国際感覚を養い、語学力が身につく

## 国際的に活躍・貢献できる人材を育てる

　国際学科高校では、外国語で外国人と実用的なコミュニケーションがとれたり、物事をさまざまな視点や立場で考えたりすることができる力を習得します。さらに、国際感覚を身につけるために国際理解科目や異文化理解などの専門教科を学びます。

　国際学科は商業科、工業科や農業科などに比べると、歴史の浅い専門学科です。みなさんの保護者に、「高校に進学するころに国際学科ってあった？」と聞いてみてください。おそらく「国際学科のある高校は、当時はなかったんじゃないかな」という答えが返ってくると思います。

　国際学科ができた背景には、1990年代に世界規模で起こった国際化の波が、日本にも急激に押し寄せてきたことにありました。国際化は70年代80年代も叫ばれていましたが、世界が東西に二分されていた冷戦の終結後の90年代を境に、世界中の人びと、文化、芸術、貿易などあらゆ

る交流が盛んになっていきました。

　ところが残念なことに、この交流に対応できる人材が日本には不足していたのです。たとえば、意思の疎通がきちんとできる外国語を話せる能力をもった人が少ない、相手の文化や慣習を知らなかったために誤解が生じ、関係がぎくしゃくしてしまうなどもありました。

　さすがにこうした状況に国も考えました。

「国際化の時代に対応してすぐれた外国語能力を身につけ、豊かな国際感覚をもって国際的に活躍したり、貢献したりすることができる人材の育成が必要」と、国際学科の設置が検討されたのです。

　国際学科がある高校は、1990年代から存在していましたが平成16（2004）年、文部科学省の高等学校設置基準に「国際関係に関する学科」が加えられました。

　これにより以前は、都市部に多かった国際学科ですが、全国の高校への設置が進みました。

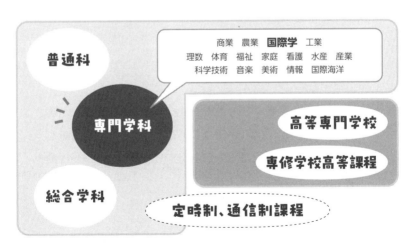

普通科

専門学科

総合学科

商業　農業　**国際学**　工業
理数　体育　福祉　家庭　看護　水産　産業
科学技術　音楽　美術　情報　国際海洋

高等専門学校

専修学校高等課程

定時制、通信制課程

# どんな 学 習 を するの？

## 国際化に対応できる人材育成の学び

### 学びたい授業の時間割が組める

　一般的な全日制普通科・定時制高校は「学年制」という単位取得方法です。中学校と同じように、各学年の一年間に取らなくてはいけない単位数が決まっています。「学年制」の高校では、必ず取らなくてはいけない単位が取れなかったら進級できずに、留年といってもう一回同じ学年をくり返します。

　一方、国際学科高校は「単位制」です。「単位制」とは各科目に単位数が設定されていて、入学してから卒業までに規定の単位数を取れていれば、卒業することができます。「単位制」では自分で時間割を組んで、学びたい授業が選べます。将来の進路に必要な教科や興味のある教科を選んだり、大学受験に必要な科目を選択したりして、早めに受験準備も進めることができます。

# 国際社会で通用するレベルの高い語学に

　国際学科に入ると「異文化理解」「国際理解科目」など
の科目を通し、具体的に「さまざまな異文化を知り理解す
る」といった学習を行います。国際理解科目の授業では、
日本文化についても学びます。日本人として日本の文化や
歴史、慣習や風習を知り、海外の人に説明できるようにし
ておくことも大切です。また、国際社会の中で相手の立場
を尊重しつつ、自分の意見や考えも伝えられるような高い
レベルの外国語の習得をめざします。コミュニケーション
能力が身につくようなカリキュラムも組まれています。

　英語の授業数が多いのは国際学科の特徴です。多い日に
は英語の授業を一日に5時限受ける、という学校もありま
した。英語は習熟度別のクラス編成で少人数。ネイティブ
スピーカーの先生が授業を担当しているクラスもあります。
少人数なので生徒たちに対して先生の指導も行き渡りやす
く、授業中に発言する機会も頻繁に回ってきます。英語の
基本である「聞く」「話す」「読む」「書く」の四つの技能
の能力を偏ることなく授業で伸ばしていきます。

　ディベート・ディスカッションや、プレゼンテーション
の授業では英語で自分の意見を発信する練習をします。

　ほかにも、学校にある設備を利用してLL演習（Lan-
guage Laboratory ／音声のメディアを組み合わせた語学
の演習用システム）やCALL教室（Computer Assisted
Language Learning ／コンピュータを利用する外国語教育
システム）などの授業もあります。国際交流の場において

自信をもって、英語を使いこなせる力を習得していきます。

## 英語以外の言語を習得

　国際学科では「第二外国語」といって、英語以外の外国語をもうひとつ学びます。また、同時に第二外国語を母語にしている国の、社会的背景や歴史、さまざまな慣習なども知ることができます。英語以外の言語を学ぶことで、世界に向かってさらに視野が広がるのです。

　第二外国語として選べる言語は高校により異なりますが、中国語、韓国語、フランス語が生徒には人気です。中国は隣国であり歴史的にもかかわりが深いことや、漢字を使うことからも親近感があるようです。韓国も隣国です。K-POP、ファッション、メークなど高校生のあいだでも人気のある国です。フランス語はおしゃれなイメージもありますが、英語とともに国際機関の共通語として使われていることなどから、この３国の言語が人気です。

　また、地理的にもロシアに近い北海道の高校では、ロシア語が選択できます。スペイン語、イタリア語、めずらしいところではアラビア語を開講している高校もあります。

## 電子辞書とスマホは必需品

　国際学科生の必需品といえば、電子辞書とスマートフォン。電子辞書は辞書機能だけでなく、多彩で役立つ機能がついており高校生にとってはマストの持ち物。また学校の

連絡事項は LINE や Instagram の DM を利用して送られることもあるので、スマートフォンも必需品です。

制服はブレザーという学校が多いようです。男子はパンツ、女子はスカートですが、なかには女子の制服でパンツのある学校もあります。入学式・始業式・終業式・卒業式など行事のときには、全員が制服を着て参加します。

国際学科は制服なども、生徒たちの自主性に任せている部分が多いようです。スカートやパンツは制服を着用しなくてはいけませんが、夏場などは襟がついているトップスなら私服着用可という学校もあります。

校則も比較的ゆるく、なかにはピアスをしている生徒、金髪など髪を染めている生徒もいます。でもピアスをしていようと髪を染めていようと「ふまじめだ」と、見た目で判断する人たちは国際学科には少ないようです。自主性をもち、勉強熱心な生徒たちが多い印象です。

# どんな 生徒 が 多いの？

## さまざまなバックグラウンドをもつ生徒

### 明るくフレンドリーで海外志向

　ほとんどの学校の国際学科で、男女比は女子が多めのようです。男子の割合は、一クラスで10人以内が大半。たまには肩身が狭いこともあるけれど、その分クラスを飛び越して男子同士の絆が強くなります。

　生徒たちは全体的にオープンな性格で明るく、フレンドリーな人が多いのも特徴です。クラスのみんなも仲がよく、在学中も卒業してからも男子、女子の区別なく友情を築いているようです。

　また、「英語が好き」もしくは「英語をもっと勉強したい。話せるようになりたい」といった意志をもって入学してくる生徒たちがほとんど。「今の若い人は海外への関心が薄い」などといわれていますが、国際学科の生徒たちは、海外への興味をもっている人が大半です。

　将来は留学したり、海外の国際的な現場で仕事をしたりすることを目標にしている人もたくさんいます。

## 海外に住んでいて帰国してきた生徒

　国際学科には海外帰国生徒も通っています。なかには、1年生から3年生まで全校の3分の1が海外帰国生徒と外国人という学校もあります。

　年度によって人数の差はあるものの、最近多いのは東南アジアや中国など英語圏以外の帰国生徒です。カザフスタンやセルビアといった、ふだんなじみのない国ぐにからの海外帰国生徒もいます。彼らが滞在していた国のことや現地の学校のこと、文化、食べ物など興味深い話を聞くこともできます。ユーチューブやテレビでは知ることのできない、各国の本当の姿も海外帰国生徒に教えてもらえます。

## 外国にルーツをもつ仲間

　祖父母またはそれ以前から、日本で生活している外国にルーツをもつ生徒。父母のどちらかが外国人のミックスの生徒や、両親が外国籍で日本に長期在住している家庭の生徒なども、国際学科のクラスの仲間です。また、数カ月から1年間など、海外の連携校から留学生をクラスに受け入れている学校もあります。

　日本以外の国で生活した生徒や、海外にルーツのある生徒など国際学科は多様性にあふれています。多様性を認め、違ってあたりまえの環境で過ごしているせいか、人に対しても寛容な生徒が多いようです。

# 国際学科

## ならではの学び

## 語学の能力をみがき国際感覚が身につく

### 外国語・異文化理解・国際理解科目

　国際学科をはじめ専門学科では、単位数のうち25単位以上の専門科目を取らなくては卒業できません。

　国際学科で専門科目とされているのは「外国語」と「異文化理解」「国際理解科目」、「課題研究」などです。

　「外国語」は主として英語の授業です。また、ほとんどの国際学科で「第二外国語」の授業もあり、英語以外の言語の学習を行っています。

　国際学科ならではの学びといえば、まさにこの専門科目のことです。ここでは簡単に紹介しますので、くわしくは30ページのほうも読んでください。

### 英語で大熱戦「ディベート・ディスカッション」

　英語の授業は「話す」「聞く」「読む」「書く」の４技能の向上をめざし、それぞれの授業があります。英語の授業

のなかでも国際学科らしい、「ディベート・ディスカッション」について説明しましょう。クラスが半分、またはグループに分かれ、あるテーマに関し「賛成派」「反対派」の立場で議論を闘わせる英語の授業です。議論が終了すると、どちらがすぐれていたかジャッジされ勝敗が決まります。

　1年生のはじめは、相手にすぐに反論できず歯がゆい思いをしますが、学年を重ねるごとに議論も途切れることなくできるようになるそうです。この授業は、行う前にテーマについて調べたり勉強したりします。ときには統計から数字を探して説得力をもたせたり、文献を調べそこから反論の裏づけを取ったりします。さらに自分たちの意見を加え、先方のチームが反論しそうなことも仮定して原稿を用意します。事前の準備にもなかなか骨が折れますが、やっぱり負けると悔しく勝つとスカッとするそうです。

　もうひとつの国際学科らしい授業が「第二外国語」です。入学する前から、新しい外国語を勉強することが楽しみだった、という生徒もいました。第二外国語を使っている国をもっと知りたいと興味をもったり、多様性にふれたりすることで視野も広がります。

## 各国の事情を知る国際理解科目と異文化理解

　現在は経済的にあるいは平和を守るためなど、国家間の連携も増えています。また人の移動も多く、宗教・生活様式が異なるさまざまな背景をもつ人と交流する機会も増え

ています。一般的に、「国際理解科目」は国際理解に関するさまざまな取り組みを通して国際的な視点を身につけます。さらに、国際政治や国際経済の動きからも、国際関係を理解する授業です。対して、「異文化理解」とは人間と文化の関係性や、世界の民族と文化などを通して多様性を理解することを学びます。

　国際学科には国際政治、開発学や途上国支援に興味のある生徒が多く異文化理解は人気の授業のようです。

## １年かけてみっちり書き上げる「課題研究」

「課題研究」は、自分で興味のあるテーマを探してくわしく調べたり、考えたりして論文を書き上げます。学校によっては総合的探究などとよばれます。

　テーマは自分が興味のあること。たとえば「子どもの貧困と教育」「ホームレス」「SDGs」「地球の温暖化について」など、さまざまな分野からテーマが選ばれています。

　日本語でも英語でも書く言語は自由です。英語で書く場合は ALT（Assistant Language Teacher）とよばれる外国人の先生にチェックを何度も受けたり、指導の先生から内容に関してアドバイスをもらったりして、完成させていきます。

　また、研究成果のプレゼンテーション用の資料もパワーポイントで作成します。たとえるならば大学生の卒業論文のようなものです。

　学校によって１年生・２年生・３年生の３年間や、２・

3年生の2年間をかけて「課題研究」に取り組むところも
あります。3年間を費やす学校は、1・2年生のときはテ
ーマの決め方、基本構成や書き方のアドバイスを先生から
受け、3年生で論文を仕上げます。また、テーマを決めて
2・3年生で書き上げる学校もあります。何千字もの原稿
を書かなくてはならないので、提出するとほんとうに安心
するそうですよ。

## 国際バカロレアって知ってる？

国際バカロレアとは、国際バカロレア機構（本部ジュネ
ーブ）が提供する国際的な教育プログラムです。世界共通
の大学受験・入学資格を得られるプログラムのことで、決
められたカリキュラムを履修し最終試験を受け、定められ
た成績を収めると取得が可能です。

日本では、海外の大学受験・入学資格を得られることが
よく知られていますが、本来、国際バカロレアは「多様な
文化の理解と尊重の精神を通じて、よりよい、より平和な
世界を築くことに貢献する、探究心、知識、思いやりに富
んだ若者の育成を目的」としています。

国際学科のある高校では、国際バカロレアコースを設置
している学校もあり、必要な科目を履修し所定の単位を取
得すると高等学校卒業資格も取得することができます。

# 2章

# どんなことを勉強するの？

# 国際学科高校は こんなところ！

多様な外国語が校内に飛び交う国際学科高校は
国際理解、異文化理解が日常的に経験できます。

## 外国語でお出迎え

中学生向けの学校説明会では在校生がお出迎え！

## 日本文化や伝統楽器を紹介

姉妹校との交流でお琴や、なぎなたを紹介！

## カフェテリア

BOWLS（丼系）、SET
MENU（定食）などな
ど充実のランチが楽し
める学校も。

## 英語で発表

一年を通してフードロスについて研究した成果をユネスコフォーラム（学習成果発表会）にて英語で発表。

The Privilege of Eating Breakfast

Class 2-7

## 体育大会

学年のクラス別に分かれて、優勝めざして団結！

## 浴衣でウェルカム！

文化祭では各クラスやクラブなどでテーマを考案！

## 卒業式も華やかに

涙、涙の卒業式。花冠で装う生徒もいる。

Ⓗ 北海道札幌国際情報高等学校
Ⓣ 東京都立国際高等学校
Ⓞ 大阪府立住吉高等学校　＊木村由香里撮影
Ⓝ 奈良県立法隆寺国際高等学校

# どんな 一 日 を 過ごすの？

## 勉強も部活動も一生懸命

### 国際学科生の一日

　国際学科生は一日をどのように過ごすのでしょう。

　学校に行く準備をして登校すると、毎朝8時30分ごろからショートホームルーム（SHR）があり、先生が一日の予定や提出物などの確認を行います。8時30分ギリギリに教室に入ってくる人もいますが、なかには7時30分ごろまでには登校して、部活動の朝練をしたり、図書館や自習室で教科の予習や英語の勉強に充（あ）てたりしている人もいます。

　授業時間は45分や65分という学校もありますが、基本的には50分です。時間割は午前中8時40分から1時限が始まり、12時30分まで4時限。35分の昼食をはさんで、午後は13時20分から始まり5時限、6時限の授業があり15時10分に終了（しゅうりょう）します。6時限のあとはロングホームルーム（LHR）があり、終了（しゅうりょう）すると放課後というのが一般（いっぱん）的。所属している部や生徒会・委員会に行き活動をします。

　週に数回ですが7時限まで授業がある学校もあります。

英語のスキルアップを図る特別な授業や、3年生の大学受験に向けた講習などが行われることも多いです。

## 部活動もゆるく楽しめる

もちろん全国大会をめざして日々、厳しい練習を積み重ねている運動系や文化系の部活動もあります。

とはいえ、入部に関しては、比較的おおらかで運動系・文化系問わず、入部希望者は誰でもウェルカムで迎えてくれます。興味をもったことはとりあえずやってみよう、と兼部している生徒も多くいます。たとえばバドミントン部と軽音楽部、英語部とバスケットボール部など、運動系と

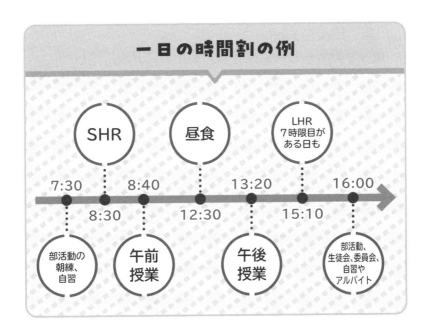

一日の時間割の例

SHR
昼食
LHR
7時限目がある日も

7:30　　　8:40　　　13:20　　　16:00
　　8:30　　　12:30　　　15:10

部活動の朝練、自習
午前授業
午後授業
部活動、生徒会、委員会、自習やアルバイト

文化系の両方の部活動に所属している人もめずらしくありません。

　では、どのような部活動があるのかというと、運動系は中学校でもなじみのある野球、サッカー、テニス、バレーボール、バスケットボールなどの部のほかに、高校によっては山岳部、なぎなた部、ダンス部、チアリーディング部、弓道部、少林寺拳法部、ラグビー部、自転車競技部などがあります。

　文化系はあまり中学校と変わりませんが、国際学科のある高校らしい部として英語部、ユネスコ同好会、異文化交流部、インターアクトクラブ（国際交流とボランティア）などがあります。部活動は全員参加の学校もあれば、参加・不参加は自由意志に任せるという学校もあります。

## 留学や海外へ行く目標を叶えるためにアルバイト

　アルバイトは認められている高校と認められていない高校があります。認められている学校では、週2〜3日をアルバイトに充て、残りの日の放課後は部活動に参加しているという生徒もいます。

　アルバイト代は、趣味や買い物などに使います。なかには、将来の留学資金にしたいから、卒業旅行で韓国や台湾など海外に行く旅費にしたいから、といった目的で貯金をしている人もいます。

# 将来にかかわる選択科目

　教科は専門科目のほか、必ず履修して単位を取らなくて
はならない必履修科目、決められた教科のなかから指定の
単位を取る選択必履修科目と自由選択科目があります。

　1年生は必履修科目が多く、2・3年生になると選択科
目が増えていきます。選択必履修科目、自由選択科目の教
科の分類は高校によって異なります。

　選択科目の履修は大学受験など、進路にもかかわってき
ます。志望する大学がある程度決まっていたら、入試科目
を調べてそれが選択科目だったら取りこぼさないようにし
ましょう。また、大学で勉強したい分野や、将来の夢に関
係する科目を選択するのもよいでしょう。たとえば国際関
係学を大学で勉強したかったら地理・歴史などを、国際連合
（国連）をはじめとした国際機関に将来は勤めたいなら、フ
ランス語や国際理解科目・異文化理解に関する科目を選択す
るなどして、予備知識をつけておくのもよいかもしれません。

　また、生徒たちに苦手な科目を聞くと、数学と答える人
が多く、選択科目の数学を取る人は少ないようです。文系
志向が大半なので仕方がないのですが、文系学部でも入試
で数学を選べるところも増えています。可能なら、苦手と
敬遠せずに数学に挑戦してみたらどうでしょう？　大学入
試のさいの選択肢も広がります。なかには、将来のことは
まだ決めていないので、どう選択すればいいかわからない、
という人もいるでしょう。そんなときには先生を頼ってみ
ましょう。最善策をいっしょに考えてくれるはずです。

# 3年間で どんな科目を学ぶの？

## 普通教科と専門教科

### 高校のホームページで学ぶ科目を見てみよう

　高校に入学して3年間で学ぶ科目は、高校の学校説明会でもらうパンフレットや、高校のホームページに掲載されている教育課程表を見るとわかります。

　国際学科の授業は普通教科と専門教科で成り立っています。普通教科は普通科と同じ教科の数学Ⅰ、Ⅱ（Ⅲのある学校も）・物理・生物・化学や国語・古典・歴史・家庭科・体育ほかを学習します。

　国際学科の特徴的な学びができるのが専門教科です。内容に関しては18ページの「国際学科ならではの学び」で紹介しましたが、専門教科とは主に「異文化理解」「国際理解科目」と「外国語」、「課題研究」などに関する教科で、国際感覚を養うことを目的として設けられています。外国語科も普通教科と専門教科を学びます。授業内容は「国際」に関して学ぶ教科もありますが、時間数は少なく、その分、外国語に関する教科の時間に充てています。

〈英語科3年間の時間割の例〉　■は選択科目

**1年生**

| 現代の国語 | 言語文化 | 歴史総合 | 数学I | 科学と人間生活 | 体育 | 保健 | 音楽I | 情報I | 総合英語I | ディベート・ディスカッションI | エッセイライティングI | 総合的な探究 | コンピュータLL演習 | HR |
|---|---|---|---|---|---|---|---|---|---|---|---|---|---|---|

**2年生**

| 公共 | 生物基礎 | 体育 | 保健 | 家庭基礎 | 総合英語II | ディベート・ディスカッションII | エッセイライティングII | 総合的な探究 | 論理国語 | 文学国語 | 日本史探究 | 世界史探究 | 数学A | コンピュータLL演習 | HR |
|---|---|---|---|---|---|---|---|---|---|---|---|---|---|---|---|

**3年生**

| 体育 | 総合英語III | 総合的な探究 | 現代文A | 現代文B | 古典B | 世界史B | 日本史B | 化学基礎 | 異文化理解 | 英語表現 | 英語演習 | HR |
|---|---|---|---|---|---|---|---|---|---|---|---|---|

〈国際文化科3年間の時間割の例〉　■は選択科目

**1年生**

| 現代の国語 | 言語文化 | 地理総合 | 歴史総合 | 数学I | 数学A | 科学と人間生活 | 体育 | 保健 | 芸術I | 家庭基礎 | 情報I | 総合英語I | ディベート・ディスカッションI | 総合的な探究 | HR |
|---|---|---|---|---|---|---|---|---|---|---|---|---|---|---|---|

**2年生**

| 公共 | 数学II | 科学と人間生活 | 生物基礎 | 体育 | 保健 | 総合英語II | ライティング | 総合的な探究 | 現代文探究 | 古典探究 | 地理探究／日本史探究／世界史探究 | 数学B | 数学C | 第二外国語 | ディベート・ディスカッションII | HR |
|---|---|---|---|---|---|---|---|---|---|---|---|---|---|---|---|---|

**3年生**

| 生物基礎 | 化学基礎／地学基礎 | 体育 | 総合英語III | 近現代文探究I | 近現代文探究II | 古典探究 | 地理探究／日本史探究／世界史探究 | 倫理・政経 | 英語問題演習 | 英語表現上級 | ハングル演習／芸術／東西文化史／数学ゼミ／数学演習II・B・C／数学演習IIA／日本文学概論／日本文学演習／長文読解上級／ほか | HR |
|---|---|---|---|---|---|---|---|---|---|---|---|---|

## 高いレベルに引き上げる外国語の科目

　英語の授業のカリキュラムも国際学科高校と普通科高校とは大きく異なります。高校生になると普通科では英語コミュニケーションⅠ・Ⅱ・Ⅲと論理・表現Ⅰ・Ⅱ・Ⅲといった授業を受けますが、ほとんどの国際学科ではこれらの授業はありません。

　その代わりに総合英語（習熟度別にクラス分けする学校もあります）、エッセイライティング、ディベート・ディスカッション、英会話などの授業が行われます。

　これらの英語学習の授業を通して、生徒たちは自分の意見を論理的に発表することや、コミュニケーションスキルを身につけていきます。

　そのためにオールイングリッシュといって、英語のみで行われる授業もあります。また、国際学科での長年の英語教育のノウハウが詰まった、オリジナルの教材で授業を行っている高校もあります。

「LL演習」「CALL教室」など、インターネットやマルチメディア教材を使ったりする授業でも力をつけていきます。生徒たちはさまざまなツールや教材により、高度な英語の能力を養っていきます。

　ただし、英語を含む外国語はあくまでもツールにすぎません。よく英語など外国語が話せると「国際的な人だ」などといいますが、必ずしも英語や外国語が話せる＝国際的とはかぎりません。

# 「国際理解科目」「異文化理解」の教科

　専門教科の「国際理解科目」や「異文化理解」は、急速に進む国際化に対応する人材の育成という、国際学科が設置された理念に基づく教科です。

「国際理解科目」は、国際理解のための知識、学習への心構えなどを文化的理解や社会的理解の教科学習を通じて学ぶ学校や、海外姉妹校とのオンライン、親善相互訪問や短期留学を通して学ぶ学校もあります。

「異文化理解」では、物事を俯瞰するような広い視野をもって、異文化を理解し尊重することを学びます。それぞれの国にはその国の文化、慣習、生活、考え方があります。日本と異なっていたとしても、それを否定したりせず違いを認めること、相手の国に先入観をもつことも禁物、フラットな姿勢で異文化に接するなども、学習するうえで大切なことです。

　国際学科では、異文化体験をしてきた外部の人を招いて話を聞いたりします。たとえば、民間の海外協力 NGO の人に、途上国でどのような支援をして現地では何が問題となっているのか、などの実情を聞いたりします。

　また、オンラインを活用して途上国の人と会話して、その国の実情を聞くなどしている学校もあります。

# どんな 先生 が
# 教えてくれるの？

## 外国人の先生から各界のプロの特別講師まで

### 先生と生徒のあいだの垣根(かきね)は低い

　国際学科のみの高校もありますが、ほとんどの高校が国際学科のほかに普通科(ふつう)、科学技術系学科など複数の学科を置いています。そうした高校の国際学科の多くは1〜4クラスで一クラスの生徒数は40人ほど。また、国際学科は少人数のグループに分かれて行う授業も多く、先生が生徒一人ひとりのことをしっかり把握(はあく)しており、コミュニケーションが円滑(えんかつ)にとれているようです。

　国際学科高校の先生は、生徒とのあいだの垣根(かきね)が非常に低いという印象を受けます。生徒のほうからも気軽に先生に声をかけられるような雰囲気(ふんいき)もあります。

　なかには元・海外帰国生徒だったという先生もいて、自分の経験から海外帰国生徒の戸惑(とまど)いや悩(なや)みにアドバイスをしてくれます。また、個人で渡航(とこう)した海外で友好関係を築いた現地の人と、国際交流をアレンジしてくれたりする先生もいます。

　学校によっては学園祭などのイベントの出し物に、いっしょに先生も参加するところもあります。総じて国際学科の先生と生徒は、おたがいにフランクでよい関係を築けているようです。

## 外国人の先生たち

　国際学科の特徴（とくちょう）のひとつは、ネイティブの外国人の先生がたくさんいて直接、外国語を学べることにあります。国語や古典、数学、物理、生物、化学、歴史などの普通（ふつう）教科は日本人の先生に教わります。

　外国人の先生は、ALT、NET（Native English Teacher）などと呼ばれ、日本人の先生に協力して外国語指導助手として外国語の授業の補助をしてくれます。

　ALT からは正しい発音やアクセント、その言語特有の言い回し、より適した表現など、ネイティブならではの指導を受けることができます。オールイングリッシュの授業、英会話やディベート・ディスカッションでは日本人の先生とともに ALT も授業を行います。また JET（Japan Exchange and Teaching Programme）といって常勤の語学指導の先生で、日本人の先生のように授業プランやテストなども自分で作成して、教えているケースもあります。

　先生たちの国籍（こくせき）は、英語であればアメリカ、イギリス、カナダ、オーストラリア、ニュージーランド、フィリピン、シンガポールなどの英語圏（けん）。第二外国語を教える ALT であれば中国（ちゅうごく）、フランス、韓国、ドイツ、スペイン、ロシア

などの出身の各言語のネイティブです。

　第二外国語の授業では語学を勉強する以外にも、先生たちの出身国の政治や経済といったちょっと固い話題から、文化や料理、ファッションなどまで海外の情報も聞くことができます。日本との習慣や生活の違いなども知ることができて、異文化理解の場にもなります。

　外国人の先生はフレンドリーで、面倒見がよい人が大半。大学で海外留学を考えている人は、現地の大学や治安などの情報を ALT の先生たちに聞いて、集めておくのもいいかもしれません。

## 外部から招く各界のプロの特別講師

　国際学科の高校は「将来の国際状況に適応できる人材の育成」が目的のひとつと考えられているので、さまざまな特別講師を外部から招いて、講演やワークショップを開催しています。

　たとえば、海外に在住していて学校に直接来られない講師は、オンライン上での講演をします。在住国のこと、その国の人びとのようす、生活状況・文化などを中心に話が進みます。在住国が発展途上国か、そうでないかによってもトピックスは異なります。

　外部講師の職業もさまざまです。国際機関、JICA の人からは発展途上国の現状とともに、日本の国際協力・開発援助に関しての話。グローバル企業などの経営者からは、海外でのビジネス展開のメリットやデメリットなども聞く

ことができます。ほかにも、大学教授、中央官庁の公務員を招くこともあります。

特殊なところでは、特別専門講師として各界のプロフェッショナルを招いて授業を行っている高校もあります。たとえば、演劇、映像、伝統芸能など。演劇は歌手・俳優として活動している人の指導のもと、学年末に学習成果として発表会をします。伝統芸能の能を能楽師の先生から学び、学年末には能舞台で仕舞と謡の発表ができる授業も。日本の文化を深く知ることも、国際理解には欠かせないことです。

単位として認められる授業であるうえに、1年間その分野のプロに学べるという貴重な体験をすることができます。

# 真相を**自分の力で見抜こう**と **考える力**を身につけてほしい

編集部撮影

<sub>とうきょう と りつ こく さい こう とう がっ こう</sub>
東京都立国際高等学校
<sub>こく さい がっ か</sub>
国際学科

<sub>とみ なが けん た</sub>
**富永健太**さん

英語科の教員で、今は３年生に「総合英
語」を教えている。先生自身国際高等学
校の卒業生でこの学校のことを熟知して
いる。生徒にも人気の Mr. 国際。

## 全校の３分の１が海外帰国生徒と外国人生徒

　国際高等学校は都立のなかで唯一の国際学科を擁する学
校です。特色は創設の理念にある、豊かな国際感覚とすぐ
れた外国語能力を身につけるということ。国際バカロレア
コース（全国の公立高校で初）も2015年に設置されました。
　生徒の構成は３分の１が海外帰国生徒と外国人生徒です。
現在の段階で22の国と地域の外国人生徒がいて、37の
国・地域からの帰国生を１年生から３年生まで受け入れて

います。世界中のさまざまな国・地域で生活した経験があり、いろいろな考えをもった生徒が集まっています。

　海外に姉妹校、連携校が8校とカナダのリッチモンド教育区との連携があります。こうした海外からの学校の生徒が来日するときには、在校生の家にホームステイして、数日間いっしょに学校に通って授業も受けてもらいます。年間通して何回かあるので、ほんとうに海外を身近に感じることができる点も国際高等学校の特色かなと思っています。

編集部撮影

## 国際学科ならではの授業

　国際学科らしい授業のひとつは国際理解科目です。1年生で国際地理、2年生では主に自分が関心のある12の国際理解に関する科目から選択して学ぶことができます。3年生では国際関係の授業を全員が学ぶことになっています。

　たとえば、科目のひとつである日本文化は、海外にルーツのある生徒が学ぶことが多い一方で、将来日本語教師になりたいとか、日本の文化を発信したいと考えている生徒が受講することもあります。伝統芸能の科目も1年間かけて「能」を学び、最後は能楽堂で演舞を行います。ほかにも、スポーツ文化・地域研究・外国文学・環境科学などがあり、いずれも国際感覚を身につけるために、さまざまな視点から学べるように工夫されています。

3年生では異文化探究という授業があり、日本に来ている海外からの留学生を招いたり、海外での支援活動、たとえば JICA 海外協力隊、外務省の方など専門的な体験を通して異文化経験がある方を呼び、英語や日本語で講演をしてもらったりします。

## みんなが言語にコンプレックスをもっている

　国際高等学校は多様な生徒が集まっています。私が生徒たちと接していていつも感じているのは、すべての生徒が言葉に対して何らかのコンプレックスをもっている、ということです。

　日本の中学校から入学した生徒たちは、英語を勉強したいという気持ちがあって来ています。中学校まで英語を一生懸命勉強してきて自信をもって入学してくるんです。でも当然、海外帰国生徒や英語を日常的に使うことのできる生徒がとなりの席にいたりして、いっきに自分の英語に自信を失ってしまう。ところが反対に、英語が堪能な生徒というのは日本語の面でコンプレックスを感じています。

　英語・日本語は各生徒により、力の差がとても大きいのです。また外国籍の生徒や海外帰国生徒で、英語圏以外の国・地域から来ている生徒は、英語も、場合によっては日本語も苦手という生徒もいます。さらにこれまで体系的に

英語を勉強したことがない、という生徒も交ざっていたりします。同じように他の教科、特に理数科目などは勉強してきた国・地域で学ぶ内容も異なってきます。

　言語については最多で4レベル、理数科目を含めて他の教科も2から3のレベルに分けて、習熟度別により少人数での授業を実施しています。

　生徒たちはそれぞれ苦手な教科があります。それによってつらい思いをしたり、極端な場合、授業についていけない、わからないままで進んでしまうなどがないようにしています。安心して学べることが、国際高等学校ならではの特徴のひとつかなと思っています。

## 学校はなりたい願いを叶えられる場所

　私は今、3年生の「総合英語」という授業を主に担当しています。たとえば気候変動、水資源の問題など、世界のさまざまな問題に関するニュース記事を題材にして授業をするというものです。英語の小説をALTの先生といっしょに読んでいくという活動もしています。

　英語の授業では、生徒が英語を使う環境づくりがいちばん大事なことと思っています。生徒たちが英語を自分の言葉で話せるように教材を工夫したり、授業の構成を組み立てたりしています。また学校は生徒たちが「こうしたい」

ALTの先生と教材内容など授業のための打ち合わせ

とか「こうなりたい」という願いが叶えられる場所だと思っています。願いが叶えられるように、生徒たちの思いを支援することをとても大事にしています。

## 出ない杭は埋もれる、出っ張る杭になれ

　国際高等学校で、学んで経験してほしいことは数多くあります。まず、ここじゃないと出会えない友だちがたくさんいると思うんです。これだけ多様な海外の国・地域にルーツがある生徒と接することは、あまりないことです。この環境を大事にしてほしいですね。

　国際高等学校では授業の中でも話し合いがたくさんあり
ますし、日常でも生徒たちが何かの問題についてほんとう
に真剣に語り合う、という場面がすごく多いんです。たと
えば日本で一般的に報道されている内容であっても、さま
ざまなバックグラウンドをもっている生徒たちなので、
「いや、実際には自分がいた国ではこうだったよ」といっ
た発言が自然に出てくるんですよね。

　マジョリティー（多数派）がこう言っているから、そっち
に流れるじゃなくて「いや、それおかしくない？」というこ
とが自然に言えて、尊重される環境があります。こうした
環境下で、報道されていることはほんとうに正しいんだろ
うか、と一歩立ち止まって考える。ひとつの問題もいろい
ろな見方をしてみる。そして真相を自分の力で見抜こうと
考える、そういう力を高校で身につけてほしいと思います。

　これから卒業して仮に自分の意見がマイノリティー（少
数派）になってしまっても、マジョリティーに流れないで
一歩立ち止まって考えて「違うんじゃない？」という、自
分の考えをしっかりと伝えられる、そういう人になってく
れたらいいですね。

　国際高等学校で昔からよく言われる言葉で「出ない杭は
埋もれる」という言葉があります。日本社会では一般的に
「出る杭は打たれる」といいますよね。そんなことは気に
せずに、やりたいと思ったことは何でも、どんどん「出っ
張る杭」になってやってほしいな、と思っています。

# 学年が上がるごとに
# 生徒の英語力が目に見えて向上

**奈良県立法隆寺国際高等学校**
**総合英語科**

# 池田靖幸さん

その風貌から体育教師に間違われることが
多いそうだが、英語の教科を担当。部活
動では野球部の顧問として部員を指導して
いる。自身も高校までは野球少年だった。

## 奈良の県立高校では唯一のユネスコスクール

　法隆寺国際高等学校は奈良県内の県立高校では、唯一の
ユネスコスクール（ユネスコ憲章に示されたユネスコの理
念を実現するため、平和や国際的な連携を実践する学校）
です。ユネスコの根本的な考えに基づいて、みずから学ん
で考え実行できる次代の担い手となって、社会に貢献でき
る人材の育成をめざしています。

　法隆寺国際高等学校には総合英語科以外にも、歴史文化

科と普通科の3学科があります。

　総合英語科と普通科の違いについてですが、普通科の英語は2科目だけで、ひとつは「論理・表現」、文法や構文の知識を習得して英語で書いて表現します。もうひとつは「英語コミュニケーション」で、ある程度まとまった英文を読んで意見を書いたり、話し合ったりします。

　一方で、総合英語科は総合英語、英語表現、英会話、LL演習、英語演習、ディベート・ディスカッション、エッセイライティング、などの授業があり英語の比重がかなり高くなっています。単位数も3年間で10単位以上普通科よりも多くなっています。

## 異文化を理解したうえでの英語

　私は普通科と歴史文化科で、「英語コミュニケーション」と「論理・表現」を教えています。

　総合英語科では「総合英語」といって、英文を読んで理解した内容に対する意見を英語で述べたり、ペアワークやグループワークを頻繁にして、英語で話すことに慣れてもらいます。またコンピュータLL演習の授業では、パソコンが40台ほどある部屋で、生徒たちが各自発音したものを録音して、正確に発音できているかを確認します。スピーキングやリスニングのスキルアップになる授業です。

総合英語科では、いわゆる英語の「聞く」「話す」「読む」「書く」の４技能をまんべんなく、同じ比重で重点的に学ぶことがいちばんの特徴かなと感じています。

　ディベート・ディスカッションの授業は、１年生の前半は英会話のようなものから始めます。徐々にプレゼンテーションをしたりグループ発表をしたりするようにして、２・３年生になると内容も高度になり、より深いディベート・ディスカッションができるようになっていきます。この授業については ALT の先生が展開やプランも考えたり、原稿のチェックや発表に対してアドバイスをしてくれたりします。

　生徒たちは最初のころは ALT の先生の英語の説明がわからなくて、日本人の先生が説明をすることもありましたが、だんだんそれも必要なくなっていきます。

生徒のようすについて
ネイティブの先生と意
見交換

　3年生になるころには、「英語で書けるようになった」「話せるようになった」と英語力が伸びてきた、と感じる生徒がたくさんいます。生徒たちは3年間の高校生活で確実に英語力がついていると思います。

　英語や外国語に興味がある中学生は、法隆寺国際高等学校の総合英語科も受験候補として考えてくれればうれしいですね。英語や外国語に興味をもち続けて、授業を真面目にがんばっていれば、必然的に英語の能力は上がってきます。高校生活を送るうちに、英語で積極的にコミュニケーションがとれるようになりますよ。それは今話したように、先輩たちが証明しています。また、法隆寺国際高等学校では「グローバルマインドセット」といって異文化や多様性を理解する心をもち、英語でコミュニケーションが図れる人間になることも目標としています。

## 高大連携でプレゼンの方法を学ぶ

　法隆寺国際高等学校は大学との連携もしています。年に数回大学の教授に来てもらったり、こちらから行って講義を受けたりします。

　実は今日も四天王寺大学から教授と大学生が7人ほど来校されました。例年9月にオーストラリアからの姉妹校生を受け入れるのですが、彼らに向けて総合英語科の1年生

が、法隆寺や斑鳩地域について英語で発表することになっています。そのとりかかりとして、グループワークでプレゼンの方法などを考えました。四天王寺大学の教授の講義があり、大学生から生徒たちに向けてプレゼンの参考になる指導がありました。ここで学んだ成果を姉妹校生が来たときに発表することになります。

　阪南大学とも連携をしています。主に2年生がユネスコフォーラムで学習成果発表会をしますので、それに向けたプレゼンのリハーサルを見ていただきます。また、阪南大学の大学生のプレゼンを見学したり、教授にプレゼンの講義や指導をしていただいたりと交流をしています。

　高大連携で学んだことを活かして、成果として発表できますので生徒たちにとっては、すごくよい勉強の場になっているのではないかと思っています。

四天王大学と連携
した法隆寺見学

## 卒業後の選択肢はさまざまな分野に

　大学受験については、何学部に進もうと英語の力がついているのは、メリットがあると感じています。

　卒業生の進路は、英語を含む外国語の学部が比較的多い傾向です。もちろんなかには英語とは関係ない、経済や法学などの学部に進む生徒もいます。総合英語科に来る生徒はほぼ全員が文系志望なので、理数系に進む生徒は少な目です。また、毎年一定数の生徒が専門学校に進学します。語学系やホテル関係、ブライダル関係などです。地理的にも大阪や京都に近く電車で通えるので、関西の学校を選ぶ生徒がほとんどですね。生徒たちには大学・専門学校とも、自分が進みたい分野があればあきらめず、とにかく挑戦してみようと言っています。

ユネスコフォーラムでの発表
準備をする生徒たち

# 英語ができる子が行く学科という先入観はもたないで

大阪府立住吉高等学校
国際文化科

# 根津貫太郎さん

2年生のクラス担任で教科担当は英語。
住吉高等学校が初任校で教師となって3
年目、自主自律の校風を尊重して生徒に
は対等に接するよう心がけている。

## 普通科との違いは外国語の授業が多いこと

　住吉高等学校には「国際文化科」「総合科学科」という、
二つの専門学科があります。学校全体として、進学してく
る生徒たちも「私はこれが学びたい」という、しっかりし
た意志をもった子たちが多いと感じます。

　国際文化科では英語・国語・数学・理科・社会を学び、
国際系の専門学科ではめずらしく数学も3年生まで必修で
す。そのあたりは普通科で学ぶ内容と同様です。普通科と

の違いをあげるなら英語、外国語の授業が多いことが特徴であるといえます。

　常駐している3人のNETに入ってもらう英語の授業もあります。彼らがいることで、授業の内容もより濃くなり充実させることができます。

## 英文法以外は英語で授業を行う

　NETが英語の授業の主体となることもありますが、通常はNETと日本人の先生が半分ずつ役割分担をして進めていきます。どうしても生徒が英語で内容の理解ができないときは、日本人の先生が簡単な単語に言い換えたり、少しだけ日本語で説明したりして、助け舟を出すこともあります。

　NETが入る授業は1年生ではライティング、スピーチ、コミュニケーション。1年生の授業ではスピーチの練習や、グループに分かれプレゼンをします。まず、「英語を話すときに自信がもてない」という気持ちを取り除くことから始め、話すときや読むときの英語の抑揚に慣れてもらいます。2年生も自分の意見を表現するスピーチからディベートへと、徐々に段階を踏みながらNETと日本人の先生から学んでいきます。ディベートの授業を年間通じて行うのも国際文化科ならでは、普通科の英語の授業にはないもの

です。実は住吉高等学校の国際文化科では、十数年間の授業の中で積み上げた経験を活かし、アップデートを重ねた住吉高等学校オリジナルの英語教材を使っているんです。

英語の授業は基本的に、日本人の先生も英語で教えます。英語の教科書を読んで内容を理解する授業も、文章の内容を踏まえ、自分はどう考えるのかを周囲と英語を使って話し合いながら理解していきます。

ただし、英文法に関しては日本語での授業です。英語で英文法を教えるとなると、現状の授業時間の数倍もかかってしまいます。でも英文法だからといって、解説するだけの授業ではありません。ひとつの項目を終了したら、それを生徒同士で実際に使うアクティビティーに結びつけています。また、英語でできる授業は原則英語。指示、質問も英語で行い、彼らが英語で返せるレベルなら、全部英語でやってしまうことにしています。2年生になると国際文化科ならではの授業のひとつ、第二外国語が必修になります。中国語、韓国・朝鮮語、フランス語、スペイン語からひとつ選びます。なかにははじめて高校で韓国・朝鮮語を学び、卒業後に韓国の大学に進学した生徒もいます。

## 共通の言語を使って理解できる楽しさを知ってほしい

アメリカ海外研修や交換留学などの国際交流も盛んです。

海外研修も再開。レポートからオーストラリアやアメリカ シアトルでのようすがわかる

木村由香里撮影

　しかしコロナ禍では、生徒の海外派遣や留学生の受け入れにも、制限がかかりました。2023年からは徐々に元に戻っています。

　また、この間は先生たちも工夫をして、オンラインを利用しラオスなどの海外の人びととつないだり、大学の留学生など外国の方と話せる機会を設けたりして、国際交流を行う場を設けました。オーストラリアやフィリピンといった英米以外の英語圏の人たちや、JICA で来日している人たちを招き、話をしてもらったりもしました。母語を英語としない国の人びとの話す英語も聞くこともできて、これも貴重な経験になっていると思います。

　学校では国際交流ができる多くの情報を提供しています。積極的に参加して経験を積んでほしいですね。個人で参加

すれば周囲は知らない人ばかりです。ことによったら、交流がうまくいかないこともあります。そのときはつらいかもしれませんが、むしろうまくいかないことを経験するほうが貴重で、学ぶことも多いと思います。

　また、英語はコミュニケーションをとるための“ツール”のひとつです。生徒たちには在学中に国籍、人種、生きてきた環境などまったく異なる人たちと、共通の言語を使って自分の言葉で話し、理解する楽しさを知ってほしいですね。そして、この国ではこうなんだ、こんなふうに考えるんだ、など自分があたりまえだと思っていたことが、ほかの国では違っていたなど、物事をさまざまな視点から見られるようになってもらえたらと思っています。

## 今、英語ができなくてもだいじょうぶ

　中学生には国際文化科は「英語が最初からできる子が行くんでしょう？」という先入観だけはもたないでほしい。英語が好きとか、興味があるという気持ちがあればだいじょうぶです。生徒のなかには、入学した時点で英語が得意な子もいますが、みんなが突出した力をもっているわけではないのです。だから「英語ができる、できない」ではなくて「興味がある、学びたい」という気持ちを大切にしてあきらめることなく国際文化科をめざしてください。

　入学できる力があれば、あとは何とかなります。入学してから英語の力を伸（の）ばすのは、本人のがんばりもだけど、私たち先生の務めでもあります。また、国際文化科はディベート・ディスカッションなど、自分で発信する授業もあります。遠慮（えんりょ）がちな人は自分にできるかな、と思うようですがだいじょうぶです。学年を重ねるうちにみんな、物おじせず意見を言えるようになります。

　英語も含（ふく）め国際的なことに興味があるという人はその気持ちを大切にして、今、多少、英語の成績が悪くてもあきらめずにチャレンジしてみてください！

住吉高等学校の校内カフェテリアのテラス席と正門　　　木村由香里撮影

# 3章

どんな行事が
あるの？

# 一年の中で行われる たくさんの行事

## クラスみんなが団結！ 体育祭・文化祭

### 一年間の行事をチェックしてみよう

　高校は中学校よりも多くのイベントが開催されます。もちろん国際学科高校も同様で、多彩なイベントが行われます。しかも生徒たちはお祭り好きがなかなか多いようです。一年間に国際学科で行われる、おおよそのイベントを見てみましょう。ただし、ここで紹介するのは一例で、開催する月、イベントの内容や名前、イベントの有無は各学校で異なります。

　一般的に4月には、新入生に向けたオリエンテーションがあります。また、イベントといっていいのか微妙なところですが、新入生も全員 TOEIC を受けます。はじめての TOEIC で緊張する人もいるかもしれませんが、まずは入学時の腕試しぐらいの軽い気持ちで受けましょう。5〜6月は体育祭・遠足・球技大会と体を動かす行事が続きます。7月はイングリッシュ・キャンプ、夏期講習、海外姉妹校訪問など。夏休み期間を利用して希望者は海外語学研修に

出発します。9月は学園祭、外国語のスピーチコンテスト。10月は海外姉妹校の生徒の受け入れをします。11～12月は修学旅行（スタディー・ツアー）で、海外へ行く学校もあります。2月は英語ディベート大会、3月にイングリッシュ・キャンプや海外研修を組み込んでいる学校もあります。

国際学科のイベントの特徴は外国語に関するものや、国際交流で異文化にふれられるものが多数あることです。

## やり切った感を味わえる体育祭

「生徒たちの生徒による生徒のための体育祭」。どこかで聞いたようなフレーズですが、高校生ともなるとほとんどの高校で、体育祭や学園祭の企画や運営は生徒の自主性に

## 年間行事の例

| 4月 | 5月 | 6月 | 7月 | 8月 | 9月 |
|---|---|---|---|---|---|
| ・始業式<br>・オリエンテーション<br>・TOEIC | ・生徒総会<br>・芸術鑑賞教室<br>・中間考査 | ・体育祭<br>・遠足 | ・期末考査<br>・終業式<br>・学校見学会<br>・イングリッシュ・キャンプ | ・部活動合宿<br>・学校見学会 | ・始業式<br>・文化祭<br>・学園祭<br>・スピーチコンテスト |

| 10月 | 11月 | 12月 | 1月 | 2月 | 3月 |
|---|---|---|---|---|---|
| ・球技大会<br>・中間考査<br>・学校説明会<br>・海外姉妹校受け入れ | ・学校説明会<br>・修学旅行 | ・期末考査<br>・学校説明会<br>・終業式 | ・始業式<br>・推薦入学選抜 | ・入学者選抜（学力考査）<br>・英語ディベート大会 | ・学年末考査（・イングリッシュ・キャンプ）<br>・卒業式<br>・合唱コンクール<br>・修了式 |

任されます。

　体育祭は大きなイベントのひとつです。クラス対抗で競ったり、1年生から3年生までが学年に関係なく色別（赤・青・白・黄など）の団（チーム）に分かれて、競い合ったりします。団の色のTシャツをつくって着たり、体育祭の日限定で髪を団の色に染めたりする生徒もいて、各団一丸となって総合優勝をめざします。

　競技は大縄跳びや玉入れ、障害物競争、対抗リレーなど。また、1年生から3年生まで手づくりの衣装を着て、団ごとにダンスを競ったり、2年生3年生の希望者のみがダンスをしたりするという学校もあります。

　体育祭の1カ月ほど前から、放課後に残ってダンスの練習にはげみます。練習は大変ですが楽しく充実した1カ月となります。1年生から3年生まで学年を超えて協力、優勝めざして競技も精一杯がんばって、体育祭が終わったあとは充実感でいっぱいです。


## 年に一度のみんなが盛り上がるお祭り！　学園祭

　年に一度、みんなで協力してつくり上げ、盛り上がるのが学園祭です。9月の夏休み明けぐらいから、11月ごろにかけて行う高校が多いようです。

　学園祭では毎年、実行委員が組織され各クラス、部活動、同好会などの会場割りや使用時間といった調整、当日の運営を引き受けます。学園祭のテーマの決定やさまざまな企画立案も、生徒たちが主体となって行います。

　夏休み明けに学園祭がある学校は、夏休み中も数日間、学校に来てクラスの出し物の準備をします。部活動や同好会も日頃の自分たちの活動の成果を発表するために、練習を重ねたり制作物を準備したりします。

　みんなで話し合ってクラスごとに模擬店を出したり、各クラスの教室を使って出し物をすることもあります。出し物はお化け屋敷や占いなどが人気のようです。

　ある学校では、ハリー・ポッターをテーマにしたジェットコースターを教室の中につくったクラスもあったとか。担任の先生もいっしょになって、コースの設計から木材の買い出し、組み立て、配役まで決めて臨んだ当日は大成功。遊園地のコーヒーカップを、教室に再現したクラスもあったそうです。

　また、学園祭でクラス対抗の演劇を行う学校もあります。脚本はオリジナル、衣装も小道具もクラス全員でつくり、役も演じ、どのクラスの演劇がいちばんすぐれていたかを競います。

　吹奏楽部や軽音楽部など音楽系の部活動の演奏や、有志によるミュージカル、チアリーディング部やダンス部のパフォーマンス。茶道部ではお点前の披露など文化部も日頃の自分たちの活動成果を発表、展示します。

　入り口や校内の飾りつけも、有志の生徒たちが空き時間を見つけて制作します。学園祭が終わったあとは思いっきり楽しんだ気持ちと、達成感に浸れるそうです。

# 語学に関する

## イベントはたくさん！

### 体育祭や文化祭、ほかにもいろいろ

### 日本語厳禁のイングリッシュ・キャンプ

　前のページで紹介した体育祭や文化祭以外にも、国際学科高校らしさのあるイベントがあります。

　高校によって呼び方は異なりますが、代表的なものが「イングリッシュ・キャンプ」。1泊2日もしくは2泊3日など、国際学科の1学年全員が泊まりがけで行くイベントです。イベントといってもあくまで授業の一環。生徒のほかに参加するのは学年の先生やALTの先生です。他校のALT（またはNET）の先生が参加する場合もあります。1年生の夏、あるいは1年生の学年末に行われ、名前の通りキャンプのあいだは、生徒同士でも日本語は一切禁止。意思疎通は英語のみ、となかなかハードなイベントです。「イングリッシュ・キャンプ」のプログラムで、スカベンジャーハント（チームに分かれ、リストに沿って制限時間内にお題をクリアしポイントを競う）や、オリエンテーリングなどのゲームを屋外で行う学校もあります。屋内では指

定されたテーマに沿って英語でのディスカッションやディベート、グループに分かれてプレゼンテーションをしたり、英語で新聞づくりをしたりとさまざまなプログラムを行います。

　近くの大学の留学生が参加する学校もあり、そんなときは課題の手伝いなどもしてくれます。オンリーイングリッシュでがんばった最終日の夜は、キャンプファイヤーやバーベキューでパーティー。みんな、なんとなくほっとした気分になるといいます。生徒にとって楽しくも大変なイベントですが、会話は英語のみということもあり、つきそいで行く英語科以外の先生たちにとっても同様に、ハードなイベントでもあります。

## すぐれた構成と聴衆を引きつける表現力が重要

　外国語で行われるスピーチコンテスト、略してスピコンもあります。校内でのスピコンは学年ごとに行われ、出場するためには、クラス内の予選を勝ち抜かなくてはなりません。スピコンでは３分、５分などスピーチをする時間があらかじめ決まっています。審査の対象はスピーチの構成がしっかりとしている、聞いている人たちにテーマに則したメッセージが伝わっている。さらに適切な発音やアクセントができている、表現力があり聴衆の共感を引き出し飽きさせることなく、決められた時間内に終わることができたか、などです。

　英語だけではなく、中国語、フランス語、韓国語、ドイツ語などの第二外国語でも行われます。

## YesかNoか、二つのグループが議論で激突

　スピコンが個人戦だとすると、団体戦といえるのがディベート大会です。授業でみがいたディベートの力を、思う存分披露できるチャンスです。一グループは4〜6人で二つのグループがテーマに対して、"Yes（肯定）"と"No（否定）"の立場に完全に分かれ議論をします。ディベートもあらかじめ決められた時間内で行われ、それぞれの主張を述べます。相手の主張に対して反論をしながら、自分たちの主張の正当性を展開します。時間が来ると終了。英語科の先生やALTの先生がジャッジ（勝敗を決定）します。ディベートは大会よりもその準備が大変です。たとえば「日本はフェイクニュースを規制すべきである。是か非か」

というテーマだったら、自分たちの主張や相手の主張を予測して反論も考えておきます。

　そのためには、ネットや図書館などで主張や反論の基となるデータや根拠を調べておきます。ディベートは学びのひとつですが、実際にやっているとゲームをしているような、エンターテインメント的な楽しさもあるそうです。

## 海外姉妹校や留学生との国際交流

　国際学科高校には海外姉妹校が複数あり、訪問を受け入れたり、こちらから訪問したりします。また、海外から長期の留学生も受け入れています。実際に彼らと外国語で話す機会が得られるとともに、文化的な交流を実践するチャンスとなります。日本側で受け入れたときも訪問したときも、現地の家庭にホームステイをします。姉妹校の生徒は一般の日本の暮らしを知ることができます。こちらも訪問先のホストファミリーと生活することで、先方の国の生活や文化・習慣などを知ることができます。

　また、高校の授業に姉妹校の生徒が参加したり、こちらから訪れるときも、現地校の通常の授業に参加したりします。おたがいに母国と異なる授業の進め方を体験したり、生徒たちとも交流することができます。

　１年間またはそれ以上の期間、日本語と日本文化を学ぶために留学してくる生徒もいます。クラスで授業を受けホームルームに参加するなど、在学している日本人の生徒と同じ体験をします。

# 語学研修で
## 海外に行くチャンスも

### 語学に特化して学ぶ

### 短期間でも英語力がアップ

「行きたい、行ってみたい！」。海外と聞くだけで、わくわくしませんか。海外での語学研修を、7月の夏休みと3月の春休みを利用して実施（じっし）している高校もあります。期間は1週間から3週間ほどで参加は希望者のみとなります。

行き先は高校によっても異なりますが、アメリカの西海岸・東海岸、イギリス、オーストラリア、ニュージーランドなどにある学校が選ばれています。

語学研修はその名の通り、語学のみに特化して学びます。今まで学校で勉強してきた英語の力試しや、さらに英語力を伸（の）ばしたい人はチャレンジしてみるのもいいかもしれません。また、宿泊（しゅくはく）先がホームステイの場合は、ネイティブと話す機会がたくさんありますので、スピーキングやリスニングの能力など、英語力の向上が期待できます。

授業は午前と午後に組まれています。土曜・日曜日は研修もお休みになることが多いので、空いた時間に観光や各

種アクティビティー、ショッピングなども楽しむことができます。

外国の人はお国柄にもよりますが、フレンドリーな人が多いようです。ホストファミリー以外の人たちとも知り合えて、国際交流のチャンスです。

将来、海外の大学への留学を考えていて、語学研修先を自由に選ぶことができるのであれば、留学を希望する国やエリアに行ってみるのもよいかもしれません。実際に長期の生活ができそうか感じてみてはどうでしょう。

また、公立校でも語学研修・留学のための奨学金を提供している学校もあります。興味のある人は、学校のホームページで調べたり、学校の説明会などで聞いてみるとよいでしょう。

# 大学との連携や
## 全員での海外体験もある

## 高大連携は増えている

### 大学教授の授業も受けられる

　高校では大学と連携してさまざまな取り組みを行っています。取り組む内容については、これを必ず行うといった決まったものはありません。

　たとえば、自分の高校や大学で教授の講義を年に何回か受けることもあります。英語でプレゼンするさいの方法について大学教授の講義を受け、そのあとに生徒たちの各グループに、大学生たちが参加しアドバイスをしながらワークの補助をする、といったことも行われています。

　こうした機会は得るものも多く気付きや学びになります。また、学んだことを成果として発表できるので、モチベーションにもつながります。

　高大連携先の大学教授の授業を受けることで、生徒は大学への関心も深まります。また、連携している大学の学部で学べる学問を知ることができるため、進路選択のさいの参考にもなります。

## 海外体験の場としての修学旅行

修学旅行（研修旅行やスタディーツアーと呼んでいる学校も）は、高校3年間のなかでも生徒たちが楽しみにしているイベントのひとつです。修学旅行は大学受験にあまり差し支えることのない、2年生の10〜12月に実施する学校が大半です。

今では私立高校だけでなく、海外に修学旅行に出かける公立高校も多くなってきています。国際学科高校も海外を訪れる学校が増えています。公立の国際学科高校の場合、行き先はマレーシア、台湾、韓国、ベトナム、シンガポール、北アメリカ（ハワイを含む）が多いようです。これらの地域に姉妹校をもっている学校は、修学旅行で姉妹校を訪問して交流を行います。両校の生徒が体育館でダンスなどのパフォーマンスをおたがいにしたり、プレゼント交換や雑談などをしたりして楽しみます。

ある高校の韓国への修学旅行では、グループに分かれて一般家庭でキムチづくりを行い食文化を学んだり、北朝鮮と韓国の軍事境界線の板門店に行き、朝鮮半島の現状をあらためて学んだりします。マレーシアに修学旅行に行った高校は、当時の第4代首相だったマハティール氏（1981年〜2003年、2018〜2020年在任）に会い、話を聞いたなど、さまざまな海外体験をしてくるようです。

# 将来の夢は**ニューヨーク**で
# ラーメン店を開業

北海道札幌国際情報高等学校
国際文化科　３年生
## 髙橋志斗さん

英語部所属。１年生では部員とともに全
道高等学校英語プレゼンテーションコン
テスト最優秀賞、２年生では第17回全国
高校生英語ディベート大会で特別賞受賞。

## 将来の夢を叶えるために国際文化科に進学

　小学校からの僕の将来の夢は、ニューヨークでラーメン
店を開くことなんです。ニューヨークには親戚が住んでい
て何度も訪ねています。あるとき、行列ができるほど繁盛
している現地のラーメン店に連れて行ってもらったんです。
現地では人気らしいけど、いざ食べてみると、はっきり言
っておいしくない。みんなラーメンの本物のおいしさを知
らないんだ。だったら僕が「ほんとうにおいしい札幌ラー

メンはこういうもんだ」という店を開こうと考えたのです。

　中学生のときに、具体的に将来の夢を先生に話したら、「英語力がつく国際系の学校がいいんじゃないか」とアドバイスを受けました。そこで、夢を叶えるための英語の力を伸ばせる高校はどこかな、と考えたときに札幌国際情報高等学校の国際文化科が思い浮かびました。ところが当時の僕には学力が足りなくて手の届かない学校だったんです。でも僕にはニューヨークでラーメン店を開くという夢があります。それをモチベーションにして勉強をがんばりました。札幌国際情報高等学校の受検科目は5科目なのですが、学校裁量があって英語の得点は倍になります。英語の得点を伸ばすことが肝心、と英語は特に力を入れました。

## 第二外国語や異文化交流の授業が魅力

　1年生では週に英語の授業が7時限あり、毎日英語にふれることができます。2年生になると第二外国語が必修となり、フランス語、韓国語、ロシア語、中国語からひとつ選びます。英語以外の言語を学べるのは、国際文化科の魅力です。僕はフランス語を選びましたが、これもニューヨークの旅行中のできごとがきっかけです。現地でフランス・ボルドー大学の教授と知り合いました。英語で話していましたが、そのときにフランス語で話せればよかったの

にと思ったことと、フランス語を話せたら、なんかかっこいいなと思ったからです。今はちょっとした日常会話ができるぐらいのレベルです。

　国際文化科らしい授業は異文化理解だと思います。異文化理解は、ざっくりいうとほかの国の文化や慣習などを認め、おたがいの国を尊重し理解することを学ぶ教科です。この授業は１年生では国際的な教養を学んで知識を蓄えます。プレゼンもあります。２年生では難しい専門用語などを交え、より高度なプレゼンを各自行います。ちなみに僕が２年生のときにしたプレゼンは、「アフリカ・スーダンのごみ問題」。劣悪な衛生状態を改善するために、僕たちに何ができるかを提案しました。３年生ではもっと高度なプレゼンやディベートを行います。こうした授業では、ただ英語を学ぶのではなく、英語を通して英語圏の文化や英語圏以外の文化も学べるので教養が高まります。

プレゼン全国大会の記念写真（左）とディベート全道大会の表彰式

## 生徒が一堂に会する**ランゲージフェスタ**

　10月には英語だけを使って過ごす、1泊2日のイングリッシュ・キャンプがあります。英語で歌いながらミュージカル仕立ての劇をしたり、2年生数人が助っ人で来てくれて、いっしょにプレゼン用のポスターをつくったりしました。最後にプレゼンも行いました。劇はクラス対抗でコンテストをして勝ったほうが、ランゲージフェスタでも公演します。

　毎年10月ごろに、国際文化科の1年生から3年生までが、一堂に会して行うイベントがランゲージフェスタです。1年生は、イングリッシュ・キャンプのコンテストで勝ったクラスが英語の劇を公演します。2年生は英語のプレゼン、3年生は国際文化科の各クラスのディベートを勝ち抜いた代表1組が、公開ディベートをします。生徒たちは、それぞれが何を主張していたかをメモして、最終的な勝敗の予想をします。ディベートはデータ集めや立論をどうするか、相手の立論を予想して反論の文章をつくるなど、事前準備がものすごく大変な競技なんですよ。

## 苦手な数学にもチャレンジ

　僕の趣味は海外旅行と絵画鑑賞、建築物を見ることです。たとえば、ニューヨークのメトロポリタン美術館に行ってフェルメールやゴッホ、ピカソの絵を見て、描かれた時代の歴史背景を思います。自由の女神を見たときは、フランスがアメリカ独立100年を記念して贈った銅像だと世界史で学んだなとか。

　海外旅行先で世界史の教科書で学んだ歴史の実物が、自分の目の前にあるってすごいと思いませんか、感動します。僕は世界史も好きな授業のひとつなんです。

　国際文化科は文系なので、ほとんどの人が数学は苦手だといっています。そのうちの一人が僕ですけど。私立大学文系志望の人は、2年生の後期からは数学を選択しない人が多いです。僕は、最終的にニューヨークでラーメン店を開業するとしても、高校卒業後は大学に進んで、国際的な経営学やビジネスを勉強したいと考えています。だから進学を考えて数学を選択しました。それに自分の苦手なものから逃げるのは、なんとなく僕らしくないなと思ったので。

## 努力に努力を重ねて取得できた英検1級

　　国際文化科の生徒は英検の取得に関しても、みんな前向きに挑戦します。僕は10月に合否が発表された英検1級試験に落ちてしまいました。

　　つぎの英検は1月。3カ月間は、学校の勉強は最低限のことだけやって、英検に向けて単語、文法、長文、リスニングを集中して勉強しました。ライティングも先生にお願いして添削してもらいました。

　　友だちのなかには、そんなに対策しなくても1級を取れた人もいましたが、僕はそういうタイプじゃありません。自分としては「血のにじむような」と言いたいくらい、努力に努力を重ねて、英検1級に合格しました。高校に入ってからこれがいちばん苦労したというか、大変だったことですね。

　　国際学科高校は英語がすごくできる人や海外帰国生徒がいたりします。そんな人たちと比べないで、とにかくめげずに自分なりに粘り強くがんばっていけば、報われるときはあります。それは僕自身が証明しています。先生たちも親身になって教えてくれます。

　　僕の話を聞いて札幌国際情報高等学校に興味をもったら、チャレンジしてみてください、その価値はある高校です。

# 異なる**バックグラウンド・国籍**、**多様性**にふれあえる高校生活

編集部撮影

東京都立国際高等学校
国際学科　3年生

## 木村　悠さん

幼少のころ3年間アメリカに、中学生の3年間オーストラリアに滞在した海外帰国生徒。ダンス部に所属。2年生の5月から3年生の5月まで生徒会長を務めた。

## 英語＋国際関係の知識を深められる高校

　中学3年生の夏休みに、3年間滞在したオーストラリアから帰国しました。当時は将来の夢はあまりはっきりしていませんでした。ただ、自分自身が英語や外国語を学ぶことがすごく好きだ、というのは自覚していました。普通科でもいろいろ学べたと思うのですが、国際学科だったら興味がある国際社会・国際関係などの知識も深めることができるのかな、と思いました。

　それで国際学科がある国際高等学校の、学校説明会に参加してみました。そのときに上映された体育祭や文化祭など、イベント紹介の映像に映る生徒たちが活気にあふれていて、ものすごく楽しそうでした。自分が違和感なくその中にいる姿がなんとなく想像できました。それが国際高等学校を選んだ決め手になりました。

## 多様性のある生徒が集まる

　実際に入学してみたら欧米やアジアなど、世界中のいろいろな国で生活して日本に戻ってきた海外帰国生徒や、さまざまな国籍の在京外国人生徒が多数いました。クラスのなかで、英語で話す人もいれば中国語や韓国語で話す人もいるので、いろいろな言語が聞こえてきます。

　多様なバックグラウンドをもった人が多く、海外で生活したことがある友人たちを通して、彼らの育った環境や経験してきた異文化を学ぶことができるのも、この学校の魅力です。実際に海外で暮らしていたからこその現地の情報を聞いたり、「日本ではこんなふうに言われているけど、本当はこうなんだよ」などと教えてもらったりします。価値観も多様です。ときには「こういう価値観もあるんだ！」と、日本や自分たちの普通といわれる価値観と大きく異なっていて、驚くこともあります。

生徒会での活動は思い出いっぱい！（左）　ハロウィンイベントでは準備に大忙し

## 異文化理解は国際学科らしい教科

　もちろん国際学科には、国際の名前にふさわしい内容の教科がいくつもあります。たとえば国際理解科目という教科があり、国際関係や国際地理などを学習します。私がいちばん"らしい"と思うのは異文化理解です。

　この教科は基本的に毎回、国際的な仕事をしている外部の人が学校に来てくれて、異文化体験を聞くという授業です。講演を聞いてさらに興味をもったことを調べたり、クラス内でディスカッションをしたりします。自分で考察してレポートにまとめて提出することもあります。私はこの異文化理解がいちばん好きな教科です。ただテストのため

だけの勉強ではなくて、ほんとうに将来にも役立ちそうな知識を学べる教科だからです。

　国際高等学校は毎日のように課題がありますし、レポートもありますので、勉強は大変です。2年生からは「課題研究」といって各自テーマを決めて、1年間かけて作成し提出する論文もあります。先生に何度も相談してすごく苦労しながら書いて提出しました。

　3年生でも「課題研究」はあります。実は今日、提出してきたところなんです。今回の研究テーマは「現代の情報の受け止め方」。簡単に言うと、昔、戦時下にはプロパガンダを使って、国民の知識や認識を操作していました。現代はフェイクニュース、SNSでのデマの拡散があり、その真偽の見分け方や偽とわかっても対処法がわからない場合、与えられた情報をどのように受け止めて発信すべきか、

中学生向け学校説明会では壇上で国際学科の魅力を発表！

といった内容を書きました。

　国際学科に入ってから、自分の視野がすごく広がったと感じています。たとえば異文化に対しても、それが現在の世界でどう影響を与えているんだろうとか、他の異文化と融合すれば人びとはもっとよい暮らしを手に入れるようになるだろうか、なんて考えるようになりました。また、いろいろな問題などをしっかり考えて、"自分なりに"ですが解決策を導き出す力が、いちばん身についたと思っています。

## 楽しかった小学生に英語を教える授業

　高校生活で楽しかったのは、小学生に英語の授業をしたことです。通常は私たち国際生が実際に小学校に行って、自分たちで作成した資料やカードボードを使って英語の授業をします。私たちの学年はコロナ禍だったのでオンラインで行いました。グループごとに担当した学年に合った授業を考えます。私たちのグループは４年生に、ある画像を見せて「何を伝えようとしているんだろう」と問いかける授業をしたのですが、若干難しかったようです。まず、目の前にいる人物や物などをそれぞれ単語でとらえていって、全部組み合わせてこんなふうに伝えようとしているんじゃないか、といった感じに予測してもらいました。

　少し声が聞こえにくいところはありましたが、小学生が

すごく明るくて、画面越しでも結構仲良くなれたんですよ。

小学生からも、私たちからいろいろなことが学べた、と言ってもらえたのはうれしかったですね。

## 将来は海外でESLの教師になりたい

卒業後は国内の大学に進学する予定で、国際教養学部か外国語学部の英語科に進もうと考えています。

将来は海外で ESL（English as a Second Language）の先生になりたいんです。現地校に通うようになったけれど、英語があまり理解できないで困っている子たちに、英語を教える先生になりたいと思っています。

私自身オーストラリアにいるときに、ESL の先生に助けてもらいました。オーストラリアに着いた当初は、ふだんの会話も授業もついていけなくて、ものすごく不安だったんです。ネイティブの人だったら当然知っているのに、自分だけわかっていなくて聞くのも恥ずかしい、そんな気持ちや不安を、ESL の先生が全部受け止めてくれて、私に寄り添いながら英語を教えてくれました。私もその先生のように、親の赴任で海外の学校に通う生徒の不安な心に寄り添って、英語を教えられる先生になりたいです。

# 将来は**苦しむ難民**の方々の**救済**を手伝いたい

奈良県立法隆寺国際高等学校
総合英語科　3年生

## 藤田ダリーンさん

父の国エジプトで生まれ8歳まで育ったのでアラビア語の会話も可能。名前の「ダリーン」は二つの国の意味。生徒会副会長、国際探究部、HRSC（人権問題研究会）の部活動で部長を務める。

## オープンスクールで志望先を決定

　　法隆寺国際高等学校を進学先に選んだのは、大きな二つの魅力があったからです。ひとつは奈良県内の高等学校として唯一のユネスコスクールで、その教育課程に興味をもったこと。もうひとつは、ドイツとオーストラリアに姉妹校があって、相互交流で姉妹校生の派遣や受け入れをしていることです。

　　中学生のときにオープンスクールで総合英語科の体験授

業に参加しました。授業中に英語が飛び交うのを見て、すごく魅力的に思ったのもこの高校に決めたきっかけです。

　私が通っていた小・中学校では、私のほかに外国人はいませんでした。ときおり自分自身が異質な存在に感じることもありました。でも、法隆寺国際高等学校にはネパール、ペルー、ナイジェリアなど、海外にバックグラウンドをもっている生徒が多数います。また、毎年海外から留学生が来て９カ月間、いっしょに学生生活を送ります。国により文化や価値観が異なり、大変だなと感じることはありますが、同じ目標に向かっていっしょに努力したり、たがいを認め合ったりすることの大切さにあらためて気付かされました。今、多様性が重要といわれていますが、その経験が高校でできるのは貴重だと思います。

## いちばん好きな授業はオールイングリッシュの英会話

　総合英語科では、自信をもってコミュニケーションがとれる英語力を身につけることをめざしています。この科の最大の魅力は、英語の授業が多いということです。

　授業は語彙力を高める小テストや、文法を基礎から学ぶ英語表現、長文を読んで内容を把握し意見を発表する総合英語などがあります。

　私が大好きなのは、すべて英語で行われる英会話の授業

です。1年生のはじめのころはALTの先生が用意してきたミニゲームをしました。だんだん授業が進むとテーマを与えられ、自分たちでリサーチしてプレゼンテーションをします。それに対し聞いている生徒は感想を述べます。ディベートの授業は積極性も求められますし、私にとってはいちばん一生懸命に取り組める授業だと思っています。

　3年生になると、英語の授業のバリエーションも増え、一日に4時間分の授業を受けることもあるんです。

## 一分一秒が楽しかったオーストラリア姉妹校派遣

　オーストラリアとドイツに姉妹校があるといいましたが、2年生の3月にオーストラリアを2週間訪問しました。オーストラリアに行くのははじめてで、自分の英語がどれだけ通じるかな、と不安でした。

　初日はウェルカムパーティーでした。現地の高校の11年生（日本の高校2年生）に集まってもらい、私たちが舞台に立って自己紹介をしたり、お土産をもらったりしました。つぎの日からは、毎日学校に行き現地の生徒と同じように、英語、数学、体育などの授業を受けました。授業の内容が難しくて理解できないときには、現地に住んでいる日本人の先生が助けてくれました。

　実際に現地の高校に行って思ったのですが、生徒がすご

滞在中に高校生とミートパイづくり（左）。 FootyのAFLスタジアムで観戦も！

く個性的で自由です。授業中もみんな積極的に手を上げて、誰かが意見を言っているときも、お構いなく自分の意見を言います。すごいですよね。学校で友人になった子は英国やインドなど、さまざまな国にルーツをもつ子も多くて、私にとっては安心感というか心地よさもありました。

　オーストラリア英語は発音などに特徴があります。聞き取りにくい部分もありますが、ホストファミリーの方は気を使ってゆっくり話してくれました。オーストラリアのスラングもたくさん教えてもらって、メモして帰ってきました。現地の高校では毎日誰かが声をかけてくれて、新しい友だちも増えました。正直、日本が恋しくなる暇もないくらい一分一秒がすごく楽しかったです。

　また、わが家でもドイツの姉妹校からの生徒のホストファミリーになりました。家に来たドイツ人の子は英語が上

手で、まったく問題なくコミュニケーションをとれました。あまり英語が得意でない人たちもいて、英語で伝えられないことはジェスチャーを交えて交流しました。私は国際交流委員でもあったので、誰よりも積極的に姉妹校生には話しかけました。すごく楽しかったですよ。ホームステイした子とは、今でも連絡を取り合っていて、お誕生日には"Happy Birthday"なんてメッセージを送っています。

## 夢は国連難民高等弁務官事務所に入ること

生徒会の活動では副会長、部活動では国際探究部と

修学旅行で北陸へ。懐石料理をいただきました！

HRSC（Human Rights Study Club）の部長をしています。もともと HRSC は日本語が苦手な生徒に対し、サポートをする部活動でした。

国際探究部と HRSC、二つの部が合同でトルコ・シリア大地震の募金活動をすることになりました。私がチーフだったので「他人事ではなくて自分事として今、世界で何が起きているのかに目を向けましょう」をスローガンに企画から実行までたずさわりました。

私は大学で国際関係学を勉強したいと思っています。自分の英語を、さらにレベルアップできたらとも考えますし、アラビア語は文字が難しいので、母国の言葉のアラビア語をもう一度基礎から学びたいなとも思っています。

将来の目標は、世界中を旅していろいろな人と出会って、たがいの文化や価値観を共有できたら、すごく楽しいだろうなと考えています。また、いちばんの夢は国連難民高等弁務官事務所（UNHCR）に入ること。そして難民を助けると心に決めています。たとえばシリアの言語はアラビア語です。私もアラビア語を話しますので、とても親近感があります。日本にも数多くのシリア難民の人たちがいるんですよ。モスクに行ったときに、たくさんのシリア難民の人たちと友だちになりました。だから他人事とは思えないんです。もちろんシリアだけでなく、世界で苦しんでいる難民の方々の役に少しでも立ちたい、と考えています。

# 大好きな英語を
# もっと学びたいから国際文化科へ

大阪府立住吉高等学校
国際文化科　2年生

## 中澤琉依さん

部活動はSEC（Sumiyoshi English Club）に所属して部長を務めている。将来は英語を活かして、エアラインのキャビンアテンダントか国際機関で働きたい。

## ビビビッと来た住吉高校の国際文化科

　小学校6年生のころ、ネイティブスピーカーの先生が教える塾に通うことになりました。そこではじめて外国の人と英語で話す経験をして「なんだこれ？」みたいな。日本語で話しているときと、まったく違う不思議な感覚がありました。そのときに、英語を介せば育った背景、環境や考え方も違う海外の人とおしゃべりできる。もっと外国の人と話せたら楽しいだろうなと思って、英語に興味をもち、

好きになったんです。

　中学3年で国際文化科を進学先に選んだのは、もっと専門的に英語を学びたかったことと、普通科と比べて英語にふれる機会や授業が絶対的に多いと考えたからです。

　国際文化科のある高校は大阪府内にいくつかあるので、結構悩みました。とにかく説明会に参加しようと最初に行ったのが住吉高等学校です。説明会で見た学校紹介のビデオの中で、生徒がみんな、とても自由に英語で話しているんです。校風も自由でそれぞれ自分の個性を出している。それを見ていたら、なんかこう「ビビビッ」と来るものがあって、住吉高等学校一本で受験勉強をがんばりました。

## 廊下で外国語が飛び交う校内

　国際文化科は今4クラスあって一クラス40人、そのうち男子は約10人です。ほかのクラスも男女比は同じくらいです。生徒は海外帰国生徒やベトナム・中国・韓国にルーツをもつ生徒もいて、廊下で中国語で話している子もよく見かけます。少し残念だったのは、クラスに一人ずつ留学生を受け入れて、いっしょに授業を受けると聞いていて楽しみにしていましたが、私たちのときはコロナ禍で受け入れが中止されてしまいました。

　でも、NETの先生が日本人の先生といっしょに教えて

チームで優勝をめざすディベート・ディスカッション（左）と
２泊３日のイングリッシュキャンプ

くれる、オールイングリッシュの「ディベート・ディスカッション」や「イングリッシュ・キャンプ」など、入学前から楽しみにしていた授業やイベントは、コロナ禍に関係なく行われていました。今は、中学生のころから思い描いていた通りの高校生活が送れていると思います。

## 英語オンリーのイングリッシュ・キャンプ

　１年生の３月に、楽しみにしていた２泊３日のイングリッシュ・キャンプがありました。このキャンプでは日本語

は厳禁、英語のみを使って過ごします。国際文化科全員と、住吉高等学校と府内の高等学校の NET の先生約20人が参加しました。2年生の後半に校内ディベート大会があるので、少し早目ですが、それに備えて練習もしました。

2日目の昼には、スカベンジャーハントをしました。グループは先生が決めるので、同じ科でも、はじめて話す子もいました。会場は大きな公園で、その中にいる先生たちを探し英語で問題が出されて英語で答え、正解だとポイントがもらえます。夜はみんなでキャンドルセレモニーをしました。それがまた、とてもきれいで。参加した NET の先生方はフィリピンやアメリカなど、さまざまな国の出身でいろいろな英語を聞けたのもいい経験でした。

## 好きな科目はディベート・ディスカッション

国際文化科は第二外国語が学べ、時間割の編成によっては3時限目から7時限目まで、すべてが外国語の授業という日もあって、思いっきり外国語が勉強できます。これはこの科の魅力のひとつだと思います。

授業のひとつにディベート・ディスカッションがあり、大好きな授業でもあります。クラスを20人ずつ2チームに分け、与えられたテーマに関して賛成派と反対派に分かれて英語で意見を戦わせるのです。もちろん勝敗も決まり

ますから負けたくないですよね。テーマに関する資料を下調べして、自分たちの意見も英語でまとめて臨みます。準備は大変ですがこうした作業をすることで、英語力もアップしていく感じがします。

　国際文化科には、第二外国語の授業もあります。フランス語、スペイン語、中国語、韓国語が選べます。私はフランス語を選択しました。先生はフランス出身ですから、正確な発音やアクセントも学べますし、フランス語を勉強していると、結構英語と似ている言葉を見つけたりして、そういう発見が楽しみでもあります。第二外国語で人気があるのは中国語で、選択する人がいちばん多いです。漢字を使うところが身近に感じるのかな。授業を受けている友人は、中国語は発音がすごく難しいと言っていました。

## NETの先生とも仲良くなれる部活動

　クラブ活動も活発です。文化系クラブと運動系クラブの兼部をしている生徒も多いです。私はSECで部長をしています。週1回お昼にNETの3人とランチパーティー、月1回は放課後にパーティーをします。

　メキシコにルーツのある先生のときはタコスをつくったり、メキシコの映画を見たりします。アメリカ出身の先生とはハロウィンのときに、かぼちゃをくりぬいてジャッ

クオ・ランタンをつくったりしました。クリスマスには
ツリーを飾りケーキを食べ、映画『ホーム・アローン』を
見たりします。授業以外でも NET の先生と英語で話せま
すし、仲良くもなれて、すごくいい部活動だと思います。

## 将来は国際協力の仕事をしたい

　私は将来、国際機関、国連で働いてみたいと思っていま
す。国連では英語とフランス語が必要ですから、第二外国
語はフランス語にしました。同じクラスの男の子と英語で
自己紹介したときに、彼は国連の職員になりたいと言って
いて、その子と話しているうちに国連で働くという進路も、
自分の視野の中に入れてみようと思いました。

　両親が昔 JICA で国際協力の仕事をしていて、どんな仕
事だったかを小さなころから聞いていたのです。それで私
も国際協力の仕事をしてみたいなと思うようになりました。

　実はキャビンアテンダントにもなりたいんです。制服を
着たり海外に行けたりするってやっぱりあこがれます。そ
れにお客さんもいろいろな国の人がいるので、そういう人
たちと英語を介して交流できるのも楽しそうですよね。

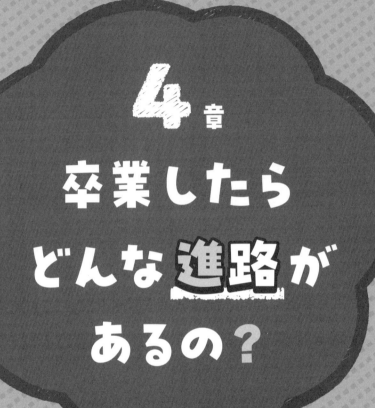

# 4章

卒業したら
どんな進路が
あるの？

# 自分や将来について

## 考えてみよう

### 10年後への手がかりを見つけよう

### 将来って案外近くにあるのかも

今、この本を手に取っているのは、高校進学を考えている中学生の人たちかと思います。

みなさんは自分の将来を考えたことはありますか？

どんな大人になりたいなど、おぼろげではあってもこんな職業に就いてみたいなどは、あるでしょうか。

目の前にある高校受験という「ハードル」を越えることで頭がいっぱいで、「今、将来のことを考えるなんて……」という人もいるでしょう。

でも、高校の先の3年後には大学・専門学校もしくは就職という選択肢があります。専門学校に進んだら2～3年後、大学に進学したら4年後には、就職あるいは大学院へ進学するなどの選択が待っています。

忙しないけれど自分で思っているよりも、将来は案外近くにあるのかもしれません。

# 自分ってどんな人間だろう？

　将来のことを考える前に「自分はどんな人間か」を自己分析し、自分の価値観を確認してみましょう。自分のことを客観的に見つめ、冷静に判断して理解するのは案外難しい作業です。

　まず、今まで自分がどう過ごしてきたかを思い出してみましょう。たとえば……

「夢中になってがんばったことは？」

「人からかけられてうれしかった言葉は？」

「自分の長所・短所は？」

「趣味、興味をもっているのはどんなこと？」

「将来、身につけたいと思う特技・能力はある？」

「自分にとって大切なことはなんだろう？」

「将来の夢や希望はある？」など。

　こうして思い出して考えることで自分を理解し、思考を整理します。この作業を通して、自分の中にある価値観が見えてきます。

　将来どう生きていくかという大きなテーマの中で、さまざまな岐路に立ち選択を考えるときなどに、自分の中の価値観が重要な役割を果たしていきます。

# 将来の手がかりを見つけよう

　国際学科に入学して外国語が話せるようになったとしたら、何をしたいですか？「将来は商社の社員になって世界

中を飛び回りたい」「移住して海外で働きたい」「国際ボラ
ンティアなどで途上国に行って現地の人の役に立ちたい」
など将来の夢は広がります。大きな夢！ いいじゃないで
すか。

　では、高校生になってから、夢を叶えるためにできるこ
とはあるのでしょうか。具体的に思い浮かばなかったり、
わからなかったりする場合は、ひとつずつでよいので手が
かりを見つけていきます。

　たとえば、移住して海外で働きたい人は、実際にどこの
国で働きたいのかを決めましょう。つぎに、その国の大使
館などのホームページを見て、移住するための条件や働け
るビザにはどのような種類があり、どうすれば取得できる
かなどを調べます。その国の経済や政治の状況、どんな職
業だと移住しやすいか、などつぎからつぎへと調べたい項
目が出てくるはずです。

　少しずつ調べていくことで、将来に向けて今は何をすべ
きか、つぎは何をしたらいいのかが、だんだんクリアにな
ってきます。

## 10年後20年後を考えてみる

　世界の情勢も日本の状況も、数年先のことすら予想する
のは難しい時代です。

　新型コロナウイルス感染症は、ものすごいスピードで世
界中に広がりました。経済面でも大きな影響がありました。
よく知られるところでは、訪日観光客の激減や日本人も移

動を控えたことから、航空産業・観光業や外食産業は大きな打撃を受けました。

　また、ロックダウンにより、海外の工場などが止まってしまったために、サプライチェーン（商品の原材料・部品の調達から販売・消費までの一連の流れ）が寸断されてしまい、部品などが日本に入ってこなくなりました。自動車産業も部品などが入ってこないため、工場の稼働停止を余儀なくされたり、生産能力が低下したりしました。

　急激な円安に苦しめられた輸入関連企業もあります。みなさんの保護者が子どものころから比べて、国際的な日本の競争力もかなり弱体化しています。

　これから10年後20年後にはIT（情報技術）、AI（人工知能）、ロボット技術が今以上に進化をして、世の中に必要不可欠なツールとなっていることでしょう。AIが世界のどの国の言葉も、日本語に簡単に変換してくれたりするということも当然あるでしょう。

　でも、国際学科に興味のあるみなさんなら、新しい変化もしなやかに受け入れていけるのではないでしょうか。外国への深い理解や高いコミュニケーション能力をもとに、クリエーティブな仕事やビジネス交渉を進めていけるに違いありません。

　10年後20年後、みなさんはどんな世界で活躍しているでしょうか？

# 興味を **深掘り** してみよう

## 語学コンテストや海外留学にもチャレンジ

### 同じテーマでも興味はそれぞれ

　ある国際学科高校の先生に伺った興味深い話です。3年間同じ授業を受けて、将来は「途上国支援をしたい」と考えている生徒が4人いたそうです。個別の進路相談のときに大学で何を勉強したいか、何学部に進みたいかという希望を聞きました。

　一人は法学部に進み、法律の側面から途上国にアプローチしたいと答えました。一人は教育系の学部に進み、教育のもつ重要性から、教育を通じての支援を考えていました。一人は経済学部を希望し、途上国援助は開発経済学の側面から支援の方法を模索できないかと考え、もう一人は理系の学部をめざし科学技術で支援したいと考えました。

　生徒たちそれぞれが、同じテーマでも物事を広い視野をもって考えていること、高校3年間で明確に大学で勉強したい分野を見つけたことに感心しました。

　深く勉強してみたいと考える分野はまさに十人十色です。

みなさんも高校の国際学科を入り口として、もっと深く大学で追究してみたいという、学問のテーマが見つかると思いますよ。

## 英語・第二外国語のスキルアップ

国際学科のほとんどの生徒は、英語やその他の外国語の学習に熱心に取り組んでいます。また、英語とその他の外国語の力がつくように、授業も工夫されています。

たとえば、卒業後に留学を計画している生徒に向けて、海外の大学の授業についていける高度な「聞く」「話す」「読む」「書く」の英語力をつける授業を行っている高校もあります。また、国際学科の生徒の進学先として人気がある、国際教養系の学部に進学するための英語力を養う講座を開講している高校も。

授業以外にも、英語と第二外国語の都道府県や全国高等学校のスピーチコンテストへの出場や、全国高等学校の英作文コンテストなどにも応募して、外国語の力をみがいている生徒もいます。

生徒たちは、英語に関する各種試験も受け、自分の実力の現在地を知り、スコアを伸ばすことをモチベーションにがんばるといいます。国際学科の生徒が受ける英語の試験には以下のようなものがあります。

●実用英語技能検定（英検）

●TOEFL（TOEFL iBT）

●TOEIC テスト（リスニング / リーディング）（スピー

キング / ライティング）

●IELTS（海外留学するための英語力を測るテスト）

●ケンブリッジ英語検定

●GTEC（英語の４技能を測る英語検定）

●TEAP（英語の４技能を測る英語能力判定試験、大学
入試の英語の試験で優遇が受けられる）

## １年間休学して海外留学

高校在学中に５カ月から１年間ほど休学して、海外留学
をする生徒もいます。学校で姉妹校などと交換留学をして
いる場合は、その姉妹校に派遣されます。

　たとえば東京都には「次世代リーダー育成道場」という
プログラムがあり、高校生を海外の学校に派遣しています。
留学先はオーストラリア・ニュージーランドまたはアメリ
カ・カナダの英語圏。ただし留学先の国や都市は指定でき
ません。応募するさいには（英語・第二外国語のスキルアッ
プ）で紹介した、「国際学科の生徒が受ける英語の試験」
のどれかのスコア結果が都の定める基準に達していたら、
選考時の英語４技能試験が免除されます。

　また、文部科学省が民間企業に寄付を募り設立した「官
民協働海外留学支援制度トビタテ！留学 JAPAN 新・日本
代表プログラム（高校生等対象）」という制度もあります。
募集コースは「マイ探究コース」「社会探究コース」「スポー
ツ・芸術探究コース」の三つです。留学できる国は北
米・オセアニア・中米・ヨーロッパ・東アジアの地域など
にある国になります。

　東京都など各自治体の行うプログラムも、「トビタテ！
留学 JAPAN」も奨学金が給付されます。各道府県の自治
体で、高校生の留学プログラムを実施しているところは多
くあります。興味のある人は、高校生になったら探してみ
てはいかがでしょう。

　留学すると語学の力が格段にアップします。もちろん語
学力だけではありません。日本とは異なる現地の文化や生
活様式、人びとの考え方などを知ることができます。ほか
の国からも留学生が来ているので、彼らとの交流もあり、
日々、異文化との出会いを楽しめます。

# どんな 進路 が あるの？

### 大学入試には有利な国際学科

　国際学科高校生は卒業後、ほとんどの人が文系大学か専門学校へ進学をしています。理系に進む人もいますが、文系の学部への進学と比べるとまだ少数です。大学の進学先として人気がある学部は、国際教養学系、外国語系、国際関係学系などです。

　大学受験に関して国際学科は、優位性（ゆうい）があるとされる点がたくさんあります。

　たとえば推薦（すいせん）、一般（いっぱん）受験にかかわらず、国内の大学はここ数年の大学入試改革で、英語は４技能資格・検定試験（英検・GTEC・TOEFL・TEAP・ケンブリッジ英語検定・IELTS など）の結果が求められるようになってきています。

　国際学科の授業は基本的に「聞く」「話す」「読む」「書く」に関して自分の言葉や、自分の英語で表現する学習を行っているので、４技能をバランスよく身につけています。

４技能検定試験で高得点を取れるメリットもあり大学にも進学しやすくなっています。

　また大学入試共通テストもリスニングの比重が上がり、実践的（じっせんてき）な英語を採点する試験になってきていますので、国際学科の生徒には有利になっています。

## 学校推薦型選抜（すいせん）（せんばつ）や総合型選抜（せんばつ）を利用する生徒も

　大学への進学には学校推薦型選抜（すいせん）（せんばつ）を利用する人もいます。学校推薦型選抜（すいせん）（せんばつ）は「公募制（こうぼ）（公募推薦（こうぼすいせん））」と「指定校制（指定校推薦（すいせん））」があります。公募推薦（こうぼすいせん）は、どの高校からも出願は可能、指定校推薦（すいせん）は自分の高校が、大学から推薦校（すいせん）として指定されていれば出願できます。

　国際学科は複数の大学から、指定校推薦（すいせん）の枠（わく）を与（あた）えられているところが多いようです。ただし指定校推薦（すいせん）の枠数（わくすう）は多くないので、その場合は校内選考に通った人が進学（合格）する権利を得ます。

　総合型選抜（せんばつ）は自分から出願する方法で、大学によっては成績や高校時代の実績など、条件があるところもあります。

　書類を提出してから面接や小論文・プレゼンテーションなどがあります。推薦型（すいせん）も総合型も、高校で学んできたことや、大学ではそれを活かしてどんなことを学びたいかなど、面接でかなりくわしく聞かれます。国際学科高校では日頃（ひごろ）から、プレゼンテーションなど自分の意見を考え、まとめて述べるトレーニングをやってきています。大学で具体的にどういう学びをしたいかなどの質問に対しても、理

路整然と答えることができます。

## 目的をもって専門学校に進む人も

高校により人数の多少はありますが、卒業後に各種専門
学校へ進む人もいます。

「専門学校は実習が多く実務能力がつく」「仕事に必要な
ことが勉強できる」「先生たちが以前その業界で働いてい
た（あるいは現在働いている）」「業界の就職に強い」など、
専門学校ならではのよさがあります。

高校で学んだ英語のスキルを活かして、将来はホテルに
就職したいとホテルスタッフをめざせる専門学校に進む人。
観光学を学べる専門学校、貿易ビジネスや航空ビジネスを
学べる専門学校などに進む人もいます。

その一方で、ブライダル、ファッション系やアート系の
専門学校、美容系の専門学校、アニメ、ゲームなどエンタ
ーテインメント系の専門学校などに進学する人もいます。
一見、英語とは関係がないと思うかもしれませんが、今は
さまざまな分野でグローバル化が進んでいます。国際学科
での学びや英語は幅広い業界で活かすことができます。

## 国際社会での活躍

国際学科の生徒と話をすると、将来は国際機関で働きた
いと目標を語る人が多い印象をもちます。国際理解科目や
異文化理解で途上国の現状を知り、自分も役に立ちたいと

考える人もいるでしょう。

　一般的に、国際機関で働くためには、仕事が円滑に進む高い英語力があること。学歴は大学院修士課程以上を修了しており、勤務内容の専門分野を修めていること、2年以上の職務経験があることなどの条件があります。そして何よりも、世界に目を向けて、困難な状況にある人たちのために尽くしたいという気持ちをもっていることが大切です。

　国際学科高校から大学の国際関係学や教養学部・国際教養学部に進んだ人のなかには、国際機関やJICAで働き世界に貢献している人もいます。ほかにも民間組織のNGOや特定非営利活動法人のNPO（Nonprofit Organization）に所属し、難民支援や途上国支援にかかわり世界の各地で活躍するケースもあります。

　また、経済学部や法学部などを卒業して、外資系企業に就職する人もいます。日本の商社やメーカーでも語学ができる人は需要があります。入社後、数年したら海外に駐在して、現地と日本をつなぐビジネスなど、国際的なステージで活躍するチャンスもあります。

# 英語力だけでなく
# 積極性や行動力も培われた

大阪府立住吉高等学校国際文化科卒業
神戸大学国際人間科学部　1年生

# 白木 璃さん

2023年3月卒業。高校では海外ドラマ
『グリー』をモデルにした部活・グリーク
ラブと住吉英語クラブを兼部。将来は国
際問題で苦しむ人を救済する仕事を希望。

## 志望校決定は在校生の英語のスピーチが決め手

　中学生のころは、特に英語に興味をもっていたとか、英
語を使って何かをがんばってやりたいとか思っていたわけ
ではありませんでした。3年生になって、進路を決めるギリ
ギリの時期になっても、受験校の絞り込みができず迷っ
ていました。

　テストや模試の結果を見て「ちょっと英語が得意かな、
だったら得意を伸ばせる学校に行くのがいいのかな」と感

じて、とりあえず国際文化科のある高校を見学してみました。住吉高等学校もそのひとつでした。イベントが開催されていて、そのなかに英語のスピーチがあり、在校生が留学体験を中学生にも聞き取れる英語で、流暢に話していたのです。今まで見たスピーチのなかでいちばん上手で、その姿にすっかりあこがれてしまいました。その瞬間に住吉高等学校の国際文化科に入りたいと思いました。

## 英語のイベントには積極的に参加

　私は入学時、英語がちょっと得意だな、ぐらい。英会話教室や英語塾にも通ったことがありません。国際文化科に入ったものの、英語に関しては少し不安もありました。だからこそ、積極的になんでもトライしてみようと意識して、学校で行われる海外の方との交流のイベントや企画は、1年生のときから徹底的にひとつ残らず参加しました。おかげで、在学中に自分の向上心や、目的を達成しようという意識が途切れることはありませんでした。

　イベントや企画に参加し、実際に海外の方と英語で話す機会を得られたことで、ひとつの問題に関しても異なる考え方や意見があることを再認識しました。自分の知見も広がったと思います。それに、英語を話していると自分に自信がついて、発言しようという意識が自然と高まるのです。

それが通常の学校生活にも反映して、発言の機会が自然と増え成長できたことを実感しました。

　3年間の中でいちばん印象に残っているのは、ラオスの人たちとの交流です。この交流は、ラオスに何度も足を運んでいる先生がアレンジしてくれました。ラオスの人たちも高校生でしたが、私たちと同じ年ではなく20代など年上の人でした。なぜ、その年で高校生なのかという状況も聞けました。私たちが交流した人たちのなかには、社会環境が整っている国の人もいましたが、一方で厳しい環境に身を置きながら勉強している人たちもいて、そうした人の声を直接、聞けたことは貴重な経験でした。

定期テスト終わりにみんなでタコスパーティーの準備

CLUEDOという海外の推理ボードゲームでチームで対戦！

## 記憶に残っている授業はディベート

　高校時代に楽しかった授業は１年生と２年生の「ディベート」です。多分、普通科などではあまりない、国際学系の学科ならではの授業だと思います。授業はクラスがチームに分かれて、たとえば１年生は「田舎と都会どちらがいいか」といった議題に対して、英語でたがいに意見をぶつけ合い勝者を決めるのです。１年生のときに難しかったのは反論でした。相手がどんな意見を言うのか、それに対してどこを反論したらいいか、ほんとうに苦労しました。でも、だんだん授業というよりは、みんなディベートをエンターテインメントみたいに思うようになって、休み時間にもチームごとに集まって「絶対ここ反論されるから、穴埋めしておかないと」など作戦を考えたりしました。

　トーナメント戦なので、各チームもまとまって、「やるぞ、やるしかない」という気持ちと、絶対勝ちたいという気持ちがすごく高まったと思います。聞く能力はもちろん、ディベートでは相手の意見に対して、即座に反論しなくてはならないので、瞬発的に反論を考える能力、意見をまとめ上げて言う能力などさまざまな能力が養われたと思います。

## コロナ禍でも楽しかった文化祭とスタディーツアー

　高校3年間は、ほぼコロナ禍でした。でも住吉高等学校ではコロナ禍を感じさせない高校生活を送ることができました。文化祭は楽しかった思い出のひとつです。感染対策を厳重にして規制もありましたが、各クラブの発表や各クラスの出し物、模擬店は行えました。大きな舞台での部活動の発表を見たりすると、みんながんばっているんだなあと思いました。

　もうひとつは2年生後半でのスタディーツアー（修学旅行）です。本来は台湾に行く予定だったのですが、これもコロナ禍で沖縄に変更になりました。「台湾に行きたかったね」なんて言っていましたが、スタディーツアーに行けること自体をみんな喜んでいました。

　沖縄のスタディーツアーは結果的にはめちゃくちゃ楽しかったです。戦争時の資料館にも行きましたが、みんなほんとうに熱心に資料を見ていたことが印象的でした。平和学習がメインなのですが、それとは別に伝統芸能のエイサーや、沖縄の音楽、沖縄の海の貝を材料にした時計づくりなど、沖縄の文化や自然にふれることができました。

## 将来はNGOの国際ボランティアで活動したい

海外の人とディスカッションをしていると、発展的な意見だなと思うことがあります。そうした意見を知ることに魅力を感じ、国際問題に取り組んでみたいと思うようになって、神戸大学国際人間科学部グローバル文化学科の受験を考えました。神戸大学は、当時の私にはレベルの高い大学でした。でも NET の先生から心強い応援があったり、担任の先生が模試の結果から具体的な弱点克服の指示をしてくれたり、「白木さんなら行けるよ」と、はげましてもくれました。今は念願叶ってグローバル文化学科に在学しています。国際問題にいちばん重点を置いている学科で、それに対するアプローチの仕方を主に学んでいます。

大学の友人からは「行動力がある」「発言力がすごくある」などと言われることがあります。たとえば、教室にいちばん早く入って前に座る、人前や海外の人と英語で話すときも臆することがないなど、そうした積極性や行動力は住吉高等学校での経験で身についたのだと思います。

将来は、NGO の国際ボランティア団体に所属して活動してみたいです。高校で国際問題に興味をもったので、大学では知見を広げて国際問題で苦しむ人たちを、ボランティアや多様な活動で助けることをしたいと考えています。

# 人や国の交流を最前線で支える
# 航空産業で働きたい

編集部撮影

東京都立国際高等学校国際学科卒業
東京外国語大学国際社会学部　２年生

## 小林正英さん

2021年に高校を卒業。コロナ禍の真っ最中に生徒会長を務めるが、イベントを開催するなど、そのパワフルな行動力とバイタリティーは国際生に語り継がれている。

## 国際高等学校のよさは多様性

　もともと外国語の勉強をすることが好きでした。英語も小さいころから勉強していましたし、中国語は中学生のころから勉強を始めました。実は親戚に僕と年の近い、中国で生まれて育った子がいるんです。日本語が話せないからコミュニケーションがとれません。だったら僕ががんばって中国語を勉強して話せるようになればいいと思ったんです。今は、日常会話レベルなら問題なくコミュニケーショ

ンはとれるようになりました。

そうやって中学までに身につけてきた語学力を、さらに実用的に活用できるものにしたいと考え、国際高等学校を志望しました。実際に入学してみて、感じたことをひと言で表すのは難しいです。あえていうならば"新しいことに挑戦するたびに成長を感じられる"、そういう場所でした。

卒業してから2年経ちますが、「国際高等学校のよさってなんだろう」と考えてみると「多様性」かなと思います。世界中でいろいろな経験をしてきた人たちが集まっているので、毎日が刺激的というか、いっしょにいるだけで新しい発見や気付きがあるというのは魅力でした。英語圏で暮らしていた人も多かったのですが、韓国、中国などアジア圏で暮らしていた人もたくさんいました。僕は中国語を勉強していましたが、中国から来た友だちと話しているうちに、中国語を話すことに自信をもてるようになりました。

## 高校の行事は自分を成長させてくれた

高校時代のことで印象に残っていることは、ずばり行事です。たとえば体育祭とか桜陽祭（学園祭）では、友だちといっしょに協力しながらひとつの行事をつくり上げるのですが、そのたびに自分が成長できたと感じました。

桜陽祭では、代々伝わっている、男子生徒が演じる国際

桜陽祭でのフィナーレ、国際男児のソーラン節

男児というパフォーマンスがあります。男子の有志が集まって揃いの法被を着てソーラン節を踊るのですが、すごく人気があるんです。僕は2年生のときから各クラスのメンバーをまとめる幹部も務めました。

　また、1年生のときにはEnglish Summer Camp（イングリッシュ・サマーキャンプ／ESCA・エスカ）という行事がありました。2泊3日で群馬県嬬恋村に学年全員で行って3日間英語漬けの生活をするんです。もう、ハードでした。でも、すごく楽しかった。1年生のときはイベントもふつうにできたのです。ところが1年生の2月以降はコロナが流行し始め、桜陽祭や多くの行事、学校生活が影響を受けました。修学旅行もベトナムに行く予定で、楽しみにしていたのに僕たちの学年は中止でした。

　そこで修学旅行の代わりに一日体育館を借り切って、訪問を予定していたベトナムの高校とライブで交流する時間を設けたり、部活動や有志団体の発表をしたりしました。限りある中で、精一杯自分たちができることを前向きにがんばって行いました。ちょうどコロナ禍のときに生徒会長もしていました。行事が制約を受ける中で、もともとある国際高等学校の伝統をどう後輩に引き継いでいくか、という点がいちばん問われる部分でした。行事そのものができないのがつらかったですね。ただその中で、国際高等学校のよい伝統はなんとしても引き継いでいくぞという信念のもと、がんばりました。

　国際高等学校の校歌に「パイオニア」という言葉があります。パイオニア精神で前に向かって進んで行く、そういう心構えを３年間の高校生活で得ることができたと思っています。

高校３年でのクラス劇（左）やスピーチコンテストのようす。コンテストでは中国語で発表

## 国際学科での学びが大学の授業にもつながる

　高校3年生のときに第二外国語の授業で中国語の授業を取り、結構しっかりと勉強しました。やっぱりそれが今の専攻言語としての中国語の学びにもすごく生きています。

　また、国際理解科目という特別な授業が、毎週2時限ありました。多数ある講座から自分の興味のある講座を選択しますが、そのなかで僕は地域研究という授業を取っていました。東京の渋谷近辺のフィールドワークをしながら、地形・歴史・課題を探究する授業を選択しました。その経験が現在、大学3年生のゼミ「地域社会研究コース」の学びにつながっています。

　地域研究の授業はほんとうにおもしろい内容でした。関心のある大使館に、自分たちでメールや電話で面会の約束をして、大使館の職員に話を聞きに行くということもしたのです。

　最終的に承諾してくれたのはモンゴル国大使館でした。例年であれば、大使館を実際に訪問してお話を伺うのですが、私の代はコロナの影響により実際の訪問が叶わず、オンラインでの面会という形で、対応していただきました。モンゴルって近い国なのに、大使館の職員の方にお話を聞いたときにはじめて知る事柄も多かったです。また、日本とモンゴルは相撲を通した交流も盛んで、大使館でもそうした交流をサポートしているということも聞きました。

　僕たちはモンゴル国大使館でしたが、ほかの大使館も、

日本の高校生がお話を聞きに行きたいと相談すると、親切に対応してくれたそうです。

## 中国語圏の大学に留学することが目標

　今は希望した東京外国語大学（外大）国際社会学部の、東アジア地域中国語専攻に在籍しています。外大は外国語の勉強だけではなく、国際社会・国際政治・国際経済などに対する学びにも力を入れています。

　派遣留学の制度も充実しています。僕は中国語専攻なので、中国語圏に留学したいと考えています。いちばん行きたいのは大陸（中国）で、それ以外では台湾、香港やシンガポールなど選択肢は広いです。

　将来は航空関係の仕事に就きたいと思っているので、留学先の大学で研究したいのは、中国の航空産業です。実は小学校のころから、航空関係の仕事に就きたいと夢見ていたんです。航空関係の仕事って、国と国、人と人の交流を最前線で支える仕事だと思うんです。高校で勉強したこと、大学で勉強したことも最大限に活かせる仕事ができたらいいなと思っています。

## 卒業生に聞いてみた！ ③ インタビュー

# ビジネスを通して平和貢献への模索を続ける

神奈川県立横浜国際高等学校国際情報科
（現・国際科）卒業　豊通ケミプラス

## 石渡 謙さん

2017年3月卒業。両親が海外でも通用するよう「謙」と命名。中学から大学まで陸上部の中距離選手として活躍。現在は商社で自動車の部材納入、輸出入を担当。

## 普通とは異なる特色のある高校に進みたい

　横浜国際高等学校国際情報科（以下、国際科）を受検したのは、普通のことをやっていてもしょうがないかな、と思うところがあったからです。もともと僕は人と違うことをするのが好きだったんです。だから高校は何か特色のある学校に行きたいと思っていました。

　そんなとき、ふと頭に浮かんだのが国際科。なぜ国際科かというと英語が得意だったことや、僕の地元が横須賀な

ので、小さいころから米軍基地にもよく遊びに行って、外国人とも交流していたことも関係あるかもしれません。

　横浜国際高等学校に入ってからの３年間は、どれもこれも心に残るものばかりでした。なかでもいちばん印象に残っているのは入学式です。新たな制服を着て周囲を見回しながら「これからこの学校で学んでいくんだ」と思ったことを鮮明に覚えています。

　卒業した今でも、国際科を選んでよかったなと考えています。普通科ではできなかっただろうな、という経験もたくさんできましたし、自分の中にひとつの大きな軸となるものを在学中につくれたと思っています。

## よい学びとなったフランス留学

　横浜国際高等学校は１年生から第二外国語を勉強します。僕はフランス語を選択しました。姉妹校交流ではフランスの家庭にホームステイして高校に通いました。英語も通じるんですが、フランス人にとっても外国語です。フランス語でこちらの考えや気持ちをどう伝えたらいいのか、とほんとうに苦労しました。言語を学ぶことって大事だなとしみじみ思いましたし、滞在中は文化や考え方の違いなどいろいろなことを感じて、それについて考えることができました。高校生のうちにこうした経験ができるのは大きいで

大学陸上部で活躍！

す。なぜならこれがつぎの学びに絶対つながりますから。

　大学のときは、陸上の部活動にかなり力を入れていて、海外留学は考えていませんでした。ですから高校時代にフランスに短期でも留学できたのは、いい経験だったと思っています。横浜国際高等学校は年度にもよりますが、フランス以外にもオーストラリア、ドイツ、スペイン、韓国、アメリカなどの学校と姉妹校交流を行っていて、2週間ほどの短期留学ができます。逆にこちらが受け入れ校になって、留学生をホームステイさせたりします。韓国やスペインの高校生が来て友だちになったり、陸上の部活動に留学生が参加していっしょにスポーツをしたりしました。ほんとうにいい経験で、こうしていろいろな国の人と交流できたことは、大きな収穫でした。

## 大学では経営学を専攻

　横浜国際高等学校は、大学の文系学部から指定校推薦の枠をたくさんもらっています。僕も指定校のひとつの公立大学に推薦で進学しました。文系でも理系でも受験には英語は必須ですから、英語に力を入れている国際科は優位だと思います。英語はある程度高いレベルですから、受験勉強で英語にかける時間を、ほかの科目に充てることができます。高校3年間で自分にそれなりの英語力がついたことは、大学に入って英語の授業などを受けて実感できました。

　僕が大学に入って学びたいことを決めたきっかけとなったのは、高校の2年生から3年生のあいだに環境、平和、ビジネスいずれかのテーマのレポートを書くという授業でした。僕はそのとき平和について書きたいと思ったんです。「紛争とか戦争とかどうして起きるんだろう？」と考えたときに、貧富の格差や経済にかかわることが大きいんじゃないか、と思いました。ビジネスを通して、平和につながったらいいのではと考えたのです。高校生なりに一生懸命調べて研究してレポートを作成しました。そのときにビジネスについての勉強もおもしろいなと思ったのです。これが大学に進学して経営学を専攻する契機にもなりました。

　大学でレポートや卒論を書くときは、たくさんの参考資

料を読みます。古典的な学術論文も英語で読んでいましたが、抵抗なく読めるのも高校時代に英語をがんばって学んだからかなと思いました。

## 現地の人との商談はすべて英語で

　就職先は、自分の強みである英語を活かせるだろうと、商社を選びました。商社は物を購入して売るビジネスもありますが、投資などもありますし、社内ベンチャーのような新しい仕事もやらせてくれます。

　また、高校のときに考えたビジネスサイドから平和に貢献できないか、ということにも商社だったらつながるのではないか。まず大きな船（会社）に乗って、いろいろ考えてみようと思ったのです。

　現在は、自動車の部品の販売・輸入、顧客の海外の工場に材料を輸出したり、3国間貿易といって商社がA国に代金を支払い、製品をB国に直接輸送したりする手配もしています。担当輸出国は、タイとインドネシアなど東アジアがメインで、ポルトガルにも自動車部品を輸出しています。

　海外出張もあり今年に入って韓国、数カ月後にはタイに行く予定です。現地の人との商談はすべて英語で行います。仕事上専門用語もありますが、それに関しては入社後すごく勉強しました。たとえば、メールの中でわからない言葉

があったらすぐ調べました。仕事の知識として必要な先進技術の英語の論文も読みます。高校や大学で英語の長文は読み慣れているので苦ではないです。

　僕は英語に自信をもって高校に入りましたが、周囲と比べて英語ができないことに気付きました。でも英語を使って何かをするということに関しては、抵抗はありませんでした。また、「英語をしゃべって言いたいことが伝わればよい」、むしろ「伝わらなかったら意味がない」というのを高校で学びました。その気持ちが今の仕事にも生きていると思っています。

韓国出張では現地で高校時代の同級生と再会！　夕食で盛り上がり……翌日は二日酔い。現地で薬を処方

# 生まれ育った**北海道**に
# **英語教育で恩返し**をしたい

北海道札幌国際情報高等学校国際文化
科卒業　北海道釧路明輝高等学校教諭

# 野家涼太郎さん

2014年に高校を卒業。高校時代は英語
部で活躍。現在は英語教師として、多く
の生徒に英語の楽しさを実感してもらう
ことを目標に、奮闘中の毎日。

## この高校なら自分を受け入れてくれる

　　小学生のころから英語を習っていて、英語に興味はあり
ました。ただ、中学生のころは特に深く考えず「私服で行
ける高校がいい」とだけ考えて、普通科の高校に進学しよ
うと考えていました。そんな気持ちで、受検勉強を始めた
中学3年生の夏休み、たまたま札幌国際情報高等学校のオ
ープンキャンパスがある、と聞いて参加してみました。そ
こで学校の先生が「日本にいながら留学しているような体

験ができる」と説明されていたのです。その話を聞いて、自分もぜひこの学校に入学して、英語を極めていきたい！と、受検を決意しました。

当時の私は「変わっている」と言われていて、まわりとなじめずに生きていました。そんな自分が受け入れてもらえるような空気感や、いい意味での許容範囲の広さ、「みんな違って、みんないい」雰囲気が札幌国際情報高等学校にはありました。

オープンキャンパスの帰り道、家族からも「ここの学校、とてもいいね。あなたにピッタリだわ」とアドバイスをもらい、受検を決めました。

## 国際文化科のすばらしさは「人」にあり

高校時代にハイレベルな英語の勉強ができたことはもちろんなのですが、この高校の国際文化科のすばらしさはやっぱり「人」だったのだなと思います。

同級生はとにかくおもしろい人ばかりでした。人と違うことを、「個性」として受け入れてくれる人が多いので、とても居心地がよかったです。スケールの大きな人、夢を夢で終わらせない人も多かった。私はこうした個性的な友だちと出会えたことが、この高校のいちばんの魅力だったと思っています。それに、国際文化科なので国際的なこと

や海外の文化に興味のある人が多く、私自身もそうだった
ので話していて楽しかったですね。

　ちなみに、今でも当時の友人や恩師とは関係が続いてい
て、よく食事に行ったり、SNSで連絡を取ったりしています。

　部活動は、英語部に所属していました。英語で「北海道
により多くの外国人観光客を呼びこむためには」というテ
ーマでプレゼンテーションを行ったり、「死刑制度」や
「日本の学校の秋入学制度導入」についてディベートをし
たりと、とにかく英語漬けでした。特にディベートは、準
備段階から本番の試合まで、大変なことも多いのですが、
そのおかげで、実践的な英語力を身につけたり、社会問題
に興味をもったりすることができました。

　通っているときはあたりまえに思っていましたが、教員に
なって他校を知ると、CALL教室をはじめとして、大学並
みの英語学習の設備が整っていたのだと実感しました。英
語を本気で勉強したい人には、恵まれた環境だと思います。

高校1年生のときに語学研修でカナダへ

## 高校生活唯一の後悔は数学を選択しなかったこと

　　高校では英検や TOEIC や GTEC を受けたりします。在学中にひとつ武器（資格）をもてるのは有利なことだと思います。大学進学は文科系が多かったです。でも学部は語学系にこだわらず国際系、教育系、経済系など幅広い学部に進みます。文科系の学科と思われがちですが、生物や数学を選択して看護系の学校をめざす人も多かったです。

　　ほんとうに楽しい英語漬けの高校生活でしたが、実はひとつ心残りがあります。それは「やはり数学を選択しておけばよかった」ということです。当時の札幌国際情報高等学校の国際文化科は、早ければ 2 年生の秋で数学とお別れできるカリキュラムになっていました。私はとにかく数学が苦手だったため、あまり深く考えることなく、数学を選択しませんでした。でも、数学をとらずに英語を選ぶというのは、進路が狭まるんですね。卒業後の進路をもっと見据えて、科目を選択するべきだったと思います。国際系の専門学科の高校に進学する人は、科目選択を慎重にしたほうがいいと思います。

## 英語って楽しいんだよと生徒たちに伝えたい

　私が卒業後に進学したのは、道内にある北星学園大学です。道内の大学で勉強をしたかったことと、北海道で英語にたずさわる職業に就きたかったことから、最終的にこの大学に決めました。

　卒業後、こうして英語の教師になっているわけですが、この職業を選んだのは、まず英語が好きなことがひとつ。教員採用試験でも言ったのですが、「英語の楽しさを生徒たちに伝えたい」と、ずっと考えていたことを実現したかったからです。私自身の原点として、小学校時代から通っていた英会話スクールや、札幌国際情報高等学校の国際文化科で学んだ英語がほんとうに楽しかった、という思いがあるんです。

　ありきたりですが生まれ育った北海道で、少しでも英語好きの子どもたちを増やしたい、という気持ちもありました。私自身はすごく恵まれた環境で英語を勉強してきましたから、それも教育という形で還元したかった。英語を勉強すれば、視野が広がるし、知識も深まります。英語って文法が難しくて、なんか楽しくないから嫌いっていう子も一定数いると思うんです。もちろん自分の好きなものを押しつけようなんて気はさらさらありません。

　実際に授業をしていると、間違いを恐れる生徒たちが多いことを実感しました。でも、週に数時間の授業だけで、ネイティブスピーカーのようになるのは無理です。だからこそ、三単現の s が抜けてしまったり、多少ニュアンスが

違う単語を選んでしまったりしても、あまり気にせずコミュニケーションを楽しんでほしいと思っています。ちなみに、海外のSNSを見ていると、ネイティブでも意外と三単現のsが抜けていたり、身近な単語が教科書と違う意味で使われていたりするんですよ。

　私が札幌国際情報高等学校に教育実習に行ったときに、指導教官の先生から"センス・オブ・アチーブメント（達成感を大切にする授業）"という言葉を聞きました。達成感のある英語の授業ってなかなか難しいのですが、だからこそ心にとめて大事にしていこうと思っています。

　また、自分自身の経験でもありますが、現在、高校生の人たちもこれから高校生になる人たちも、「今がいちばん楽しい」と感じながら過ごしてほしいと思っています。あとで思い出したときに、「かけがえのない友だちもできたし、たまには嫌なこともあったけど、高校時代って楽しかったよな」と言える高校生活を送ってほしいと思っています。

勤務する高校で生徒と学校祭準備

# 5章

## 国際学科高校をめざす！

# 自分の地域の
## 国際学科を探そう

### ✏ ホームページで調べてみよう

## 校長先生の言葉は要チェック

　国際学科高校について、進学先の候補として興味をもっていただけましたでしょうか？　もし興味をもったのであれば、さっそく自分の通学範囲に、国際学科をもつ高校があるか調べてみましょう

　国際学科のみの単科高校はまだ少なく、多くの学校は普通科や理数科・科学技術科といった他学科と併設されています。大半が1〜4クラスで一クラスは40人ほどです。中学校の先生に、自分の住んでいる地域の近くに国際学科をもつ高校があるか聞いてみると教えてくれるでしょう。

　都道府県の教育委員会や文部科学省のホームページで、「特色ある学科・コースを設置する高等学校について」などの項目でも調べることができます。

　国際学科のある高校がわかったら、学校のホームページを探して見てみましょう。ホームページには校長先生の言葉、学科紹介、カリキュラム、イベント、学校生活などが

紹介されています。また、SNSなどで学校のようすを公
開している高校もあります。ホームページや学校のパンフ
レットを読んでいるときに、ついつい校長先生の言葉は飛
ばしがちですが、教育方針やどんな学校をめざしているか
など、学校を知るうえで大切なことが書かれていますので、
ぜひ読んでみてください。

## 学園祭・学校説明会などに行ってみよう

　9月から11月は学園祭シーズンです。気になる高校が
あったら、遊びがてら学園祭に行ってみましょう。学校は
もちろん、何より生徒の雰囲気がよくわかります。学園祭
に行っていきいきとしている高校生を見たことで志望校の
ひとつになった、ということもあります。ある高校の学園
祭に感動して「入学して学園祭実行委員長になる」ことを
モチベーションに、受験勉強をがんばってほんとうに実行
委員長になった生徒もいました。

　また、中学生とその保護者を対象に授業公開や学校説明
会なども開催しています。授業公開は、参観日のように授
業風景を見学することができるので、高校の雰囲気や、先
生・在校生などのふだんのようすを見ることができます。

　学校説明会では教育方針、学習カリキュラム、進学実績
などの説明のほか、在校生が日本語、英語や中国語、韓国
語などで校内を案内してくれるプログラムがあります。入
試に関する説明もあるので、早めに日程を調べて参加する
のをお勧めします。

# どんな人が

## 向いている？

### 英語が好きな人、へこたれない人

「国際学科高校をめざしたきっかけは？」と聞くとほとんどの国際学科生が「英語が好きだから」「英語を使った仕事に就いてみたいから」という答えを返してくれます。

国際学科に入学する生徒は、中学生のころから英語が得意だった、小学校のころから英語の塾に通っていたという人もいます。一方で、今この本を読んでいる人のなかには、国際学科や英語に興味はあるけれど、英語の成績は「いまいち」という人もいるかもしれません。

だいじょうぶです！ 英語に興味があればそれだけで、あなたは国際学科に向いています。国際学科で学びたいと思ったらあきらめずに入試にチャレンジしてみてはいかがでしょう。今できなくても、国際学科に入学してまじめにカリキュラムに沿って勉強すれば、英語の力は必ず向上します。

ある高校の生徒は将来の夢は科学者でした。科学の論文

は通常英語で書きます。科学の道に進むためには英語は避けて通れないのです。でも英語はものすごく苦手だったそうで、悩んだ挙句克服するのは今しかないと、あえて国際学科に入って英語を徹底的に勉強し、苦手を克服したそうです。

「へこたれない人」も向いています。国際学科には小学校から英語も勉強して、中学でも周囲に比べて英語は抜群にできた、という人が一定数います。いわゆる「地元の中学では英語に関しては負け知らず」です。ところが彼らは入学後、ちょっと自信をなくすことがあるようです。それは英語圏から戻ってきた海外帰国生徒という存在です。

　海外在留期間にもよりますが、確かに英語のレベルの高い生徒はいます。そういう生徒と英語はできると自負していた自分を比べてしまい、落ち込む人もいるそうです。

　でも気にすることはありません。自分は自分です。マイペースで英語の力をつけていけばいいのです。それに海外帰国生だって、今のように最初から英語が話せたり、聞けたりしたわけではありません。できるようになるまでには、海外で大変な思いをしていたのかもしれませんよ。

## 海外に興味がある外向的な人

　今の20代の人たちの大半は海外旅行にも行かず、海外に対する興味も薄く内向的とよくいわれます。それとはまったく正反対で、海外に興味をもっている外向的な人はこの学科向きといえるでしょう。

実際に国際学科を選んだ理由を、英語をレベルアップして海外の大学に行きたいから、留学をしてみたいから、などと答える生徒もいます。将来は国際機関や海外の会社で働きたい、外資系の会社で働いてみたい、商社の社員になって世界の人と交流したいなどの目標をもち、目が海外に向いている人が多いという印象でした。

　また、海外の国の文化や生活、各国の政治・経済状況や、発展途上国の現状などに興味のある人も向いています。そもそも国際学科の設置理由は「国際化社会に対応できる豊かな国際感覚とすぐれた外国語能力を身につけた人材の育成」です。豊かな国際感覚とは他国の価値観や文化を知り、フラットな観点で物事を見ることができる感覚です。だから他国のことなら、なんでもに興味のある人も、この学科向きといえるでしょう。

## 目的や目標をもって努力できる人

　たとえば、外国語の勉強をもっとしたいから外国語学部のある大学に入りたい。高校を卒業したらカナダのトロント大学に行きたい、イギリスのキングス・カレッジに行きたい、など早いうちから具体的な目標をもって、夢を実現するためにがんばる生徒もいます。英検の1級を取る、TOEICで3年生になったら900点を取る、などの目標を決め、それをクリアする生徒もいます。

　語学の勉強は日頃の積み重ねです。地道にコツコツと努力できる人は国際学科向きでしょう。

# イベントでがんばれる人・楽しめる人

　イベントは高校生活の楽しみでもあります。イングリッシュ・キャンプ、スピーチコンテスト、体育祭、学園祭、遠足、駅伝大会、国際交流など、さまざまなイベントが行われます。

　特に体育祭や学園祭などは、校内を飾りつけ、クラスごとの出し物を考え、部活動の発表や劇などみんな全力でがんばります。

　高校にもよりますが、国際学科は比較的校則もゆるめなことが多く、自由な雰囲気です。生徒も髪を金髪やグリーン系などの色に染めていたり、ピアスをしていたりする生徒もいます。見かけは派手ですが案外、体育祭や学園祭の地道な仕事も黙々とこなします。ふだんはクールにしていても「やるときには、やるよ！」という生徒も多くいます。

　また、イベントではクラス全員でダンスをするのも国際学科には多いようです。クラス全員ですので、当然、担任の先生も年齢にかかわらず参加させられます。先生もクラスの一員、みんなの仲間なのです。

# おわりに

　国際学科高校の魅力が少しでもみなさんに伝わったでしょうか？
「自由で楽しそうな学校だな」「こういう学科も高校にあったのか」な
どと思ってもらえたらうれしいです。

　この本をつくるにあたって複数の国際学科を取材しました。校内を見
学していると、会う生徒たちはみんな大きな声で「こんにちは」と言っ
てくれます。髪を脱色してピアスをつけている男子生徒が数人、すれ違
うときにニコッとしながらあいさつをしてくれました。それだけでなん
となく気分もよくなり、いい学校だなと思ってしまいました。単純です。
　みんな明るく、校内にいる生徒たちの活気も十分感じました。海外に
ルーツがある生徒たちも見かけましたが、なじんでいるようすで仲良く
高校生活を楽しんでいるようでした。
　先生たちも語学力の向上や、豊かな国際感覚を生徒に身につけさせる
ために、授業にさまざまな工夫を凝らしています。また、生徒一人ずつ
のことを考えて、熱心に教育に取り組んでいる姿にも感動しました。

　さて、現在はグローバル化が進み貿易の範囲も広がり、モノ・人・資
金などの流れが国や地域を超えるようになりました。思わぬ国の紛争や
災害が、私たちの生活に影響を及ぼすこともあります。
　たとえば、ロシアとウクライナの紛争。これら紛争により燃料価格や
小麦粉価格が高騰したのは記憶に新しいところ。またアジアに目を向け
るとアフガニスタン紛争やミャンマーの内戦はいまだに続いています。

軍が実権を握るミャンマーから、撤退した日本企業もありました。

　そんなグローバル化の時代だからこそ、これからの日本を考えると、国際学科の学びは重要になってくると思われます。
　交渉ができる語学力、柔軟な思考、相手のことを理解して尊重できる包容力をもつ人たちが必要とされ、活躍する時代が来ているのではないでしょうか。大げさかもしれませんが、これからの日本を支える人材という意味でも、国際学科高校をめざす中学生が一人でも増えることを期待しています。

［著者紹介］

●**木村由香里**（きむら ゆかり）

フリーライター・編集者。出版社勤務を経て独立。主に旅行誌や女性誌、企業の広報誌をメインに編集・執筆するほか、ヒラリー・ロビンソン著「みんなのきょうしつ」シリーズ（絵本塾出版）を翻訳。共著書に『美容師・理容師になるには』、著書に『大学学部調べ 教養学部』『生活科学部・家政学部』（ぺりかん社）などがある。

なるにはBOOKS 高校調べ
**国際学科高校** ——中学生のキミと学校調べ

2024年4月20日 初版第1刷発行

著 者 木村由香里
発行者 廣嶋武人
発行所 株式会社ぺりかん社
　　　　〒113-0033　東京都文京区本郷1-28-36
　　　　TEL　03-3814-8515（営業）
　　　　　　　03-3814-8732（編集）
　　　　http://www.perikansha.co.jp/
印刷・製本所　株式会社太平印刷社

©Kimura Yukari 2024
ISBN978-4-8315-1664-0
Printed in Japan

なるには**BOOKS** 「なるにはBOOKS」は株式会社ぺりかん社の登録商標です。

＊「なるにはBOOKS」シリーズは重版の際、最新の情報をもとに、データを更新しています。